¿QUÉ HACER?

MARCOS AGUINIS

¿QUÉ HACER?

Bases para el renacimiento argentino

Planeta

Aguinis, Marcos
¿Qué hacer?.- 3ª ed. – Buenos Aires : Planeta, 2005.
240 p. ; 23x15 cm.

ISBN 950-49-1355-5

1. Ensayo Argentino I. Título
CDD A864

Diseño de cubierta: Mario Blanco
Diseño de interior: Orestes Pantelides

Derechos exclusivos de edición en castellano
reservados para todo el mundo:
© 2005 Grupo Editorial Planeta S.A.I.C.
Independencia 1668, C1100ABQ, Buenos Aires
www.editorialplaneta.com.ar

3ª edición: mayo de 2005

ISBN 950-49-1355-5

Impreso en Talleres Gráficos Leograf S.R.L.,
Rucci 408, Valentín Alsina,
en el mes de mayo de 2005.

Hecho el depósito que prevé la ley 11.723
Impreso en la Argentina

¿Qué hacer?

VLADIMIR ILLICH LENIN

Si seguimos haciendo lo que estamos haciendo, seguiremos consiguiendo lo que estamos consiguiendo.

STEPHEN COVEY

Hay dos cosas infinitas: el universo y la estupidez. Pero no estoy tan seguro de la primera.

ALBERT EINSTEIN

Obertura a dos voces:
lector y autor

Curioso lector, ¡celebro que seas curioso! Si has abierto este libro, seguro que te pica la indiscreción por saber, como me ocurre a mí, de qué forma vamos a relanzar la Argentina hacia el crecimiento. Ambos ansiamos enterarnos para dónde demonios hay que empujar. Nuestro querido, luminoso y atormentado país arde por dejar la noria de la decadencia y reencontrar el camino del progreso.

Ambos estamos convencidos de que lo que nos sucede es responsabilidad, en gran medida, de nuestra sociedad, sus formadores de opinión y sus dirigentes. Y que el curso de la historia puede ser cambiado, porque las maldiciones no son eternas. Si fuimos coautores de nuestro descenso, podemos también ser los coautores de nuestra recuperación.

Es cierto que destruir y caer cuesta menos que edificar y subir. Pero lo han hecho otros países que estaban peor. Tomemos el caso de una muy atrasada dupla de Europa occidental: hace tan sólo medio siglo Portugal y España sufrían carencias abismales. Pero supieron mirar hacia donde apuntaba la brújula, cosa que a nosotros nos resulta arduo.

Nos fatigamos con la queja. Masticamos cólera por las frustraciones. Vivimos en febril desacuerdo sobre las causas que nos empujan hacia un pozo que no muestra el fin. Los que tenemos trabajo trabajamos más que nunca, pero nunca hubo tantos argentinos que no pueden trabajar. No existía hambre en esta tierra y ahora es un pestífero intruso que se niega a marcharse. Se nos fugan contenedores llenos de materia gris. Muchos ciudadanos, tras haberse agotado en la desesperación, ya se resignan a la inercia. Dan ganas de llorar cuando recordamos que hasta hace poco en los discursos oficiales se invocaba "nuestro destino de grandeza". Ahora es un destino que ya no puede calificarse sin palabrotas. La inseguridad aumentó hasta niveles insólitos, late el repudio a la clase política, no hay la suficiente estabilidad jurídica que estimule la inversión ni el ahorro.

A mediados de 2001 fue propuesto un achicamiento del gasto improductivo para esquivar la caída al precipicio, pero cosechó un repudio tan vocinglero que forzó a un cambio del fugaz ministro de Economía. Sin embargo, el ajuste era mínimo en comparación con el alud que se vino después: cesación de pagos, devaluación descontrolada, descalabro del sistema financiero, caída vertical de los salarios y profundización de la pobreza. Somos expertos en cerrar los ojos ante las oportunidades o, peor, las estropeamos. Sin hacer, desde luego, un examen honesto y valiente de los errores cometidos.

Para que te explique la humilde y breve receta del renacimiento posible conviene empezar por distinguir ciertas fortalezas y debilidades. En la actualidad podemos estar de acuerdo en que empeoraron muchos rubros, pero otros se corrigieron algo. No hubo Apocalipsis, por suerte, pero tampoco ingresamos en una atmósfera de sustenida recuperación. Pareciera que el hado argentino es continuar a los tumbos por una curva que —con subidas y bajadas, con esperanzas cortas y desencantos furiosos— siempre desciende. Se trata de un descenso lento, obstinado. Que lleva siete décadas.

No lo veíamos antes porque nos cubría una excesiva opulencia. Y porque la Argentina es un país bello y su pueblo es afectuoso y hábil, con franjas que preservan la salud moral, pese a todo. Cuando se fue acabando la riqueza, cuando los famosos lingotes que obstruían el paso en el Banco Central quedaron reducidos a polvo de estrellas, cuando se extendió la epidemia del desempleo y de la exclusión social, recién entonces despegamos los párpados y nos enceguecieron los focos de la realidad. Aunque, por desgracia, aun predominan adherencias a las convicciones arcaicas de corte demagógico, salvacionista o populista que aceleraron nuestro descenso mientras prometían la felicidad; esas convicciones no terminaron por desacreditarse del todo y, desafortunadamente, a muchos les siguen pareciendo correctas.

Entonces, ¿no tenemos salida?

Ya te dije que sí.

Fíjate, inquisitivo lector, que esa misma pregunta relativa a la salida la formularon mentes lúcidas, con igual ansiedad, en la mitad del siglo XIX, cuando terminó el ciclo de Rosas. La misma pregunta. Igual que ahora, predominaba la niebla, el desencuentro, la frustración y la desconfianza. No parecía existir una propuesta que satisficiera a todos. Pero en ese momento, como revelación que bajaba tronante del Sinaí, apareció el libro *Bases* de Juan Bautista Alberdi. Fue un aporte oportuno, macizo, que orientó la organización constitucional del país y abrió los pórticos hacia un crecimiento excepcional.

La situación era en extremo difícil, quizás más difícil que en nuestro tiempo. Un engrudo de prejuicios arraigados en la hondura del alma impedía acceder a los esplendores de la modernidad. Prevalecía una ignorancia cerril y arrogante, con analfabetismo casi total. Los gobernadores estaban atornillados a su papel de caudillos, dueños de vidas y haciendas, que modelaban la ley a su gusto. Los principios que impulsaban el desarrollo acelerado de Inglaterra y los Estados Unidos eran despreciados como heréticos, ajenos a nuestra tradición. La clara división de poderes, la independencia de la justicia, el derecho inalienable de la propiedad, las garantías individuales, la libertad de prensa y de expresión y de culto formaban una lista utópica, infecta de pecado.

Nuestra actualidad no es idéntica, claro, pero se le asemeja. Ahora también nos pegotean contradicciones y equívocos, también se ofrecen graníticas resistencias a la modernidad, también continúan muchos gobernadores atornillados a la modalidad premoderna del caudillo. Desdeñamos los principios que transformaron países pobres y sin recursos en países exitosos; sí, los desdeñamos, aunque suene increíble. De forma irracional y masoquista, muchos dirigentes y formadores de opinión simpatizan con el modelo de los países que navegan en otras aguas, las del desatino. ¿Por qué? Porque continuamos hiriendo la propiedad, los derechos individuales, la libertad de prensa, la estabilidad jurídica, la igualdad de oportunidades y la clara división de los poderes, entre otros desbarros. Esas características no benefician a nuestro país ni a nuestro pueblo. Su definitiva corrección es parte de la encantadora y a la vez atroz tarea que tiene cada ciudadano por delante. Sobre esto vamos a dialogar.

Pantallazo a toda orquesta

Con Juan Manuel de Rosas el país fue domado. Tuvo el mérito de acabar con la anarquía. Pero al precio de hundirlo en un valle tenebroso y seco. Cuando fugó a Inglaterra nos dejó un territorio vacío, miserable y asustado. Con las alas cortadas y la imaginación dormida. Había impuesto una regresión hacia el tiempo previo a la Revolución de Mayo (fue el "Restaurador de las leyes"... de la Colonia). Mientras en Europa se tendían líneas férreas, avanzaba el telégrafo y se multiplicaba el uso del vapor, en la Argentina se perpetuaban la carreta, el saladero y la ignorancia. Casi no existía la agricultura y el ganado era lastimoso. Borges, con fina ironía, dijo que le parecía bien llamarlo "héroe del desierto, porque logró despoblar la patria"...

El final de esa dictadura empezó con el agrietamiento de un hábito que dominaba el continente latinoamericano: la hipocresía, el doble discurso, la mentira sistemática. En efecto, cada año el Gobernador de Buenos Aires presentaba la solemne renuncia a sus funciones como encargado de las

Relaciones Exteriores de la Federación y cada año se repetía la farsa de rechazársela con manifestaciones de encendida adhesión. En forma imprevista esa farsa fue zangoloteada en junio del año 1851 por el general Justo José de Urquiza, cuando aceptó la renuncia de Rosas. Crujieron los andamios. Enseguida la obsecuente Legislatura de Buenos Aires puso el grito en el cielo. Calificó al gobernador entrerriano de traidor y loco. Era parte del lenguaje político que entonces imperaba: a los unitarios se los llamaba "salvajes", "inmundos" y hasta "mulatos" (siempre fuimos adictos a las paradojas: negros y mulatos insultaban a los unitarios diciéndoles "negros" y "mulatos"; ¡un prodigio del autodesprecio!).

¿Has tenido en cuenta la coincidencia, atento lector? Fue al cumplirse medio siglo del triunfo de José de San Martín en San Lorenzo que, en otro caluroso 3 de febrero, se derribó a Rosas en la batalla de Monte Caseros. Cien años más tarde —como nos suele ocurrir a los argentinos— se presentó el arrepentimiento y comenzó su reivindicación inimaginable. Se exageraron sus gestos de dureza ante Inglaterra y Francia, se lo idealizó como el hombre fuerte que el país necesitaba, el *pater familias* medio romano y medio bíblico, el nacionalista, el héroe de la soberanía nacional. Se relativizaron los aciertos que nos habían encaminado hacia el progreso y volvió la seducción del autoritarismo y la decadencia. Claro: junto a la reivindicación de Rosas se mantuvo en silencio el fondo reaccionario de su política, constituido por un terror implacable, la castración de la racionalidad, el Estado policial totalitario, la imposibilidad del diálogo político, la eliminación de las libertades individuales y el atraso en materia educacional, técnica y productiva.

La sola rebelión de Justo José de Urquiza ya estimuló el retorno de algunos exiliados. Se movilizó la creativa generación del 37, pero su emblema radiante, Esteban Echeverría, murió de tuberculosis en Montevideo. Mientras se celebraba un gran baile en el teatro Coliseo en honor de Manuelita Rosas, manos anónimas escribieron con tiza "No bailaremos con gusto/ hasta que venga Don Justo".

El general Urquiza reveló que no era un simple caudillo, sino alguien provisto de una mirada y un patriotismo excepcionales para la época. Aunque los revisionistas lo acusan de coimero y de traidor a la patria por haberse aliado a brasileños y uruguayos, a él se debe la caída del dictador y el comienzo de la organización nacional. Si tuvo máculas, fueron ampliamente limpiadas por estos méritos de titán. Leyó con asombro el libro de Alberdi, lo discutió, lo mandó reeditar y recomendó en forma entusiasta. La Convención Constituyente de San Nicolás giró en torno a sus páginas. ¿Cuál era la magia de ese texto, para gente que no estaba ni siquiera habituada a leer? Te lo diré en pocos párrafos.

El músico y su mejor inspiración

El polifacético Juan Bautista Alberdi le había comprado una finca al cónsul de Frankfurt en las afueras de Valparaíso. Tenía vista a la bahía azul, sobre la calle Las Delicias 233, con jardín a la entrada y un fondo que ascendía la espesa ondulación del cerro. Hacía cinco años que vivía en Chile. Se sintió gratificado como dueño de esa propiedad. En su mobiliario siempre incluía un pianoforte donde ejecutaba a Mozart, Haydn, Beethoven y el reciente Chopin, además de sus propias composiciones, algunas de las cuales anotó en papel pentagramado. No tardó en invitar a sus compañeros de ostracismo que habían buscado refugio en Chile. Acudieron Sarratea, Sarmiento, Mitre.

Alberdi ya había conseguido notoriedad como abogado, además de músico, pero al recibir en 1851 la temeraria proclama de Urquiza, se impuso limitar las tareas de su bufete e iniciar una campaña en las páginas de *El Mercurio* "para el restablecimiento de los principios de Mayo, la unión de los argentinos y el triunfo de la libertad". En su oficina tenía colgado un retrato de San Martín y sobre una pequeña columna un busto de Bernardino Rivadavia. Hacía poco había publicado *Tobías o La Cárcel a la vela*, continuación de *El Edén*, donde narraba las vicisitudes que habían punteado su viaje de Europa a Chile.

En enero de 1852, un mes antes de Caseros, partió a tomarse un descanso en el Perú, acompañado por amigos que habían llegado de su Tucumán natal. En Lima se encontraron con Juan María Gutiérrez y juntos conjeturaron sobre las tensiones que electrizaban la patria. Al volver se les acercó un bote que voceaba una gran noticia. La hoja mojada de un periódico confirmó que Rosas había sido derrotado por Urquiza y pedido asilo en una nave inglesa.

Hacía catorce años que Alberdi, asfixiado por la dictadura, había abandonado Buenos Aires. Su cabeza empezó a llenarse de ideas que exigían manifestarse. Brotó el proyecto de regresar a la Argentina. Poco después, enterados de la convocatoria a la Asamblea General Constituyente, sus amigos lo animaron a hacerse designar diputado por Tucumán. Pero entonces lo estremeció un martillazo: urgía escribir las proposiciones que discutirá la Constituyente. Era poco —se dijo sin velos de modestia— ser diputado entre otros diputados. Su talento respondía más a la pluma que a la palabra. En lugar de dispersarse en debates convenía redactar una ordenada presentación, con argumentos vigorosos, y que conformasen un conjunto orgánico. Se pasó los dedos por el cráneo febril, donde aún sentía el dolor del martillo y se encerró en su estudio. Buscó los artículos que ya había escrito sobre el tema, desempolvó borradores, meditó sobre la estructura del libro, pensó en el tono de voz. Acomodó el material y salió a caminar por entre los viñedos y laureles de su parque. Se sentó a contemplar la bahía mientras era cobijada con ternura por la noche. Su decisión le había aumentado el entusiasmo.

Regresó para la cena y luego encendió la lámpara que lo acompañaría durante excitadas horas de inspiración. El texto de *Las Bases y puntos de partida para la organización política de la República Argentina* creció rápido, fluido y sonoro, como un río de montaña.

Su mente resonaba en niveles simultáneos, como las polifonías. Una voz acomodaba las frases en machimbrada sucesión mientras la otra meditaba propuestas. Entre ellas formaban armónicos o generaban la tensión de una disonancia a resolver. Su régimen de trabajo fue intenso; escribía hasta las cuatro de la madrugada y, aunque durante el día se sentía cansado, no le venían ganas de dormir. Sus cuerdas creativas estaban al rojo y no cesaban de vibrar.

Creativa tempestad

Había empezado su texto con una breve *Introducción,* en la que buriló con grueso trazo la orografía constitucional del Plata y de Sudamérica. Desplegó un paralelo luminoso con los Estados Unidos y adelantó enseguida uno de los pilares que tendría su propuesta: "La América del Norte, por el liberalismo de su sistema colonial, siempre atrajo población en gran cantidad hacia su suelo, aun antes de la independencia; pero nosotros, herederos de un sistema esencialmente exclusivo, necesitamos una política estimulante". Es decir, ¡abrir las puertas a los inmigrantes!

Examinó las Constituciones ya ensayadas en el país, la de 1819 y 1826. La Constitución unitaria de 1826, pese a la lucidez de Rivadavia, "carecía de garantías para el progreso". La comparó con la reciente Constitución de California, "que hace de la educación pública un punto capital de la organización del Estado". Además, la Argentina no respaldaba lo suficiente el derecho de la propiedad, "pues en los casos de expropiación por causa de utilidad pública no establecía que la compensación fuese previa, y que la necesidad de expropiación fuese calificada por una ley especial". Enseguida agregó un párrafo que hoy en día habría que restregar en los ojos de quienes, con la intención de hacer justicia, pretenden el bienestar dañando el derecho de propiedad: "El descubierto dejado a la propiedad afecta el progreso del país".

Alberdi se inspiró en las legislaciones de Inglaterra y los Estados Unidos, "los países más libres y más civilizados", pero no se los debía imitar en forma ciega. Había que ser original y tener en cuenta los aspectos específicos de nuestra nación. "La originalidad constitucional es la única a la que se puede aspirar sin inmodestia ni pretensión: ella no es como la originalidad en las bellas artes".

Con el filo nervioso de su pluma y una información envidiable disecó las Constituciones latinoamericanas. Una tras otra. Las desmenuzó en forma despiadada para evitar que se repitiesen sus errores. Dijo que las del Perú y México "estaban calculadas para el atraso", la de Paraguay "hacía aborrecible su ejemplo". Marcó al rojo los vicios de Chile, Colombia y Uruguay. "Igual que la Constitución de Chile, la del Perú consagra el catolicismo como religión del Estado sin permitir el ejercicio público de cualquier otro culto". Está bien que se consagre el catolicismo —Alberdi se proclamaba católico—, pero ¿prohibir otros cultos? ¿Con esas barreras quieren atraer inmigrantes?

"Las condiciones para la naturalización de los extranjeros parecen calculadas para hacer imposible su otorgamiento." En el Perú no se podía *dar empleo militar, civil, político, ni eclesiástico a extranjero alguno*, sin acuerdo del Consejo de Estado". Las garantías individuales sólo eran acordadas al peruano, al ciudadano. Además, "ningún extranjero podrá adquirir, por ningún título, propiedad territorial de la República". Ese nacionalismo ramplón y paranoico era letal. Si Alberdi supiese que ese nacionalismo ramplón y paranoico aún nos habita...

No resistió el latigazo de la ironía al cerrar su capítulo sobre el Perú. Dijo que si ese país "hubiese calculado su legislación fundamental para obtener como resultado la despoblación, y despedir de su seno a los habitantes más capaces de fomentar el progreso, no hubiera acertado mejor". Y agregó sin miedo al escándalo: "Su Constitución es repelente y exclusiva, como el Código de Indias, resucitado allí con todos sus malos instintos. ¿Hace falta más explicación que ésta sobre el atraso infinito en que se encuentra aquel país?".

Selló esa parte de su libro con este párrafo: "Por la reseña que precede vemos que el derecho constitucional de la América del Sur está en oposición a los intereses de su progreso material e industrial, del que depende hoy su porvenir". Las lagañas de la cerrazón mental ante lo nuevo impedían mirar las exigencias del presente y, por lo tanto, no se advertía por dónde pasaba el buen camino (como nos ocurre ahora a los argentinos del siglo XXI).

Es obvio que los dirigentes de esa América latina condenada a seguir pobre y ensangrentada no eran imbéciles. Ocurría que los encadenaban siglos de una cultura difícil de superar: en sus mentes se había arraigado el absolutismo, la intolerancia, el monopolio y el aislamiento que también causaban daño a España y mantuvieron su vigencia hasta el día de hoy. No los agració la fortuna de contar con el aguerrido conjunto de personalidades (Alberdi, Urquiza, Fragueiro, Esquiú, etc.) que dieron un fuerte giro al timón de nuestro destino.

"¡Ojalá toque a la República Argentina la fortuna de abrir la era nueva con el ejemplo de su próxima Constitución!", dijo Alberdi. No se equivocó. Esa nueva Constitución, basada en su visionario proyecto, catapultó el país hacia una prosperidad sin precedentes.

Alberdi sentenció, como si lo hiciera para nuestro tiempo, que "la situación de ahora no es la de hace 30 años. Necesidades que eran accesorias, hoy son dominantes". Ahora se debe propender, continuaba, a "constituir los medios prácticos que saquen a la América del estado oscuro y subalterno en que se encuentra". "Así como antes colocábamos la independencia y la libertad, hoy debemos poner la inmigración libre, la libertad de comercio, los caminos del ferrocarril, el desarrollo de la industria sin ninguna traba. Deben ser navegados nuestros ríos y hacer opulentos y ricos nuestros Estados."

Le entusiasmaba la Constitución de California sancionada casi el día anterior, en 1849. "Sin universidades, ni academias, ni colegios de abogados, el pueblo improvisado de California se ha dado una Constitución llena de previsión, de buen sentido y de oportunidades. No hay nada de más ni de menos. No hay retórica: todo es simple, práctico y positivo." "Hacía cinco años eran excluidos de aquel territorio los disidentes cultos, los extranjeros, el comercio. Todo era soledad y desamparo bajo el sistema republicano de la América española, hasta que la civilización vecina tomó posesión del rico suelo y estableció en él sus leyes de verdadera libertad y franquicia."

En cuatro años California emergió, gracias a esa legislación inspirada en la de los Estados Unidos, de la oscura y miserable aldea que había sido durante tres siglos. Durante el anterior gobierno mexicano el oro de ese territorio no sirvió para combatir la pobreza ni la ignorancia; pero la nueva Constitución "de tolerancia y progreso hará más que el oro para su grandeza". "La ley de California está calculada para crear un gran pueblo en pocos años." Hay libertad civil, seguridad personal, propiedad inviolable, secreto postal, respeto por el hogar, normas de tránsito, etc. "Garantiza que nada diminuirá el valor de los contratos." Las leyes generales de la Unión Americana abrían las puertas del Senado y de la Cámara de diputados a los extranjeros que se naturalizaban. No sólo se quería estimular la inmigración, "sino facilitar la distribución de las tierras desiertas". El acceso al gobierno quedaba expedito "a los hombres de mérito de toda la nación, sean indígenas, sean naturalizados, jóvenes o viejos, sin miramientos sobre su pobreza o riqueza, y cualquiera fuese su profesión religiosa".

Resonancia fragorosa, sin precedentes

En menos de tres meses puso fin al manuscrito, que ya tiritaba sobre la madera de su escritorio. Lo llevó a la imprenta de *El Mercurio*. Ardía en sus manos acalambradas por el esfuerzo. Pocas semanas después, a fines de mayo, le entregaron los primeros ejemplares calientes de ansiedad. Alberdi envió de inmediato copias a Juan María Gutiérrez, Félix Frías, Bartolomé Mitre, Miguel Cané, Sarratea y el general Urquiza. El libro cruzó la Cordillera de los Andes a lomo de mula y luego el territorio nacional sobre los espumantes galopes de caballos postales. Urquiza, exultante, ordenó —como dije— una reedición para las provincias. Los tiempos se ajustaban con la relojería de una misteriosa providencia, porque ya estaban por comenzar las deliberaciones de la Asamblea Constituyente.

Sarmiento regresó a Chile luego de participar en el Ejército Grande y enseguida visitó a Alberdi. Llegaba enojado con Urquiza, quien no lo había designado en un lugar importante. Insultó al triunfador de Caseros con su leonina fogosidad: lo consideraba arrogante, primitivo y terco, "un bruto federal que no sabe distinguir dónde está el verdadero talento". Pero le reconocía el mérito de haber convocado a la Constituyente. Había leído las *Bases* y estaba conmovido por el rayo de sus aciertos. Con la honestidad intelectual que lo animaba escribió a su autor que la propuesta era "un monumento". "Usted y yo quedamos ligados inexorablemente, no para mezquinos hechos que tienen lugar en la República Argentina, sino para la campaña sudamericana que iniciamos o más bien terminaremos dentro de poco. Su proyecto de Constitución es nuestra bandera."

La situación, mi lector afable, era compleja e impredecible. Abundaban la desconfianza, el prejuicio, los temores, la desinformación, el resentimiento. A eso había que añadir los intereses individuales y de grupo que obstruían las mejores intenciones, como siempre (como ahora). Para colmo, más adelante la Legislatura de Buenos Aires rechazó el Acuerdo de San Nicolás y eso fue peor que un terremoto. El director provisorio, furibundo, disolvió la Legislatura y designó nuevamente como gobernador interino a Vicente López. Pero el 11 de septiembre los porteños se sublevaron y lo depusieron por "urquicista". Se abrió un foso inesperado: Buenos Aires se escindió de la Confederación Argentina y el país quedó dividido en dos Estados. Nacíamos mal en la nueva y perpleja aurora.

Los exiliados en Chile decidieron actuar. Amigos de Alberdi convocaron a una reunión en casa del dentista norteamericano Thorner y allí constituyeron el Club Constitucional de Valparaíso, que decidió apoyar sin fisuras a las autoridades nacionales de Paraná presididas por Urquiza, y sostener el tipo de organización nacional propuesto en las *Bases*.

El 13 de agosto el director provisorio, Justo José de Urquiza, redactó un decreto que designaba a Juan Bautista Alberdi encargado de Negocios de la Confederación Argentina ante la República de Chile. La designación estaba refrendada por el ministro de Relaciones Exteriores, Luis de la Peña, quien había sido profesor de Alberdi en el Colegio de Ciencias Morales y luego su compañero de exilio en Montevideo. La noticia viboreó con castañuelas y hasta Sarmiento lo felicitó de "todo corazón". Pero Alberdi, luego de una reflexión tensa, rechazó el ofrecimiento en una carta ejemplar enviada al ministro Luis de la Peña: "Estamos al lado del general Urquiza, en la idea grande y patriota de dar una Constitución a la República. Pero si yo admitiera un empleo permanente y lucrativo, al instante dirían que mi libro ha sido una escalera para subir a los cargos públicos y mis ideas perderían autoridad".

Conmovido, Luis de la Peña contestó: "Hombres como usted no necesitan diplomas ni títulos para servir a la patria".

Objetivos actuales

¡Qué triste es para un hombre morir con la certeza de que a pesar de sus esfuerzos no ha logrado mejorar en nada a su patria! ¿Qué hacer? ¿Se puede hacer algo? ¿Quién puede hacerlo? ¿Y cómo? ¿Nunca piensas en estas cosas?

ABRAHAM LINCOLN

Dije, mi lector sutil, que existen semejanzas con aquellos años del alumbramiento constitucional. Pero también dije que vos y yo tenemos urgencia por saber qué se debe hacer ahora. Las angustiadas preguntas que se formuló Lincoln son las que nos formulamos en este momento millones de argentinos.

A ese arduo tema están dedicadas las páginas que siguen. Es lo que modestamente pretendo discutir contigo, iluminarme contigo.

Las mencionadas analogías entre entonces (1853) y la actualidad (2005) me hacen barruntar que también podríamos encontrar las soluciones si pensamos como lo hicieron Alberdi y sus valientes seguidores. En aquel tiempo hubo que corregir visiones equivocadas, de hondo arraigo; y es lo que nos desafía en este momento.

Antes (primera mitad del siglo XIX) y ahora (empezando el siglo XXI) la mayoría de la población era y es pobre, antes y ahora traqueteamos en los últimos furgones del mundo, antes y ahora estamos cansados de tanto sufrir y acusarnos en forma recíproca, antes y ahora tenemos hábitos depredatorios en gran escala, antes y ahora nos asfixia la mediocridad política, nos desangran los intereses facciosos, permanecemos ciegos ante los mecanismos que generan la riqueza de las naciones, despreciamos la ley, perdemos el tiempo en rencillas de pigmeos mentales, no nos ponemos de acuerdo sobre temas básicos y, cuando por ahí calzamos en el riel, no tenemos la perseverancia para mantenernos firmes, con todo el vigor de nuestro músculo y nuestra cabeza.

Así como en 1853 urgía unir el país, levantar las aduanas interiores, poblar los vacíos y desarrollar las fuerzas productivas, ¿qué es lo que nos urge ahora? La lista puede tener matices, pero delante de los ojos saltan necesidades ineludibles: combatir la pobreza, exterminar el hambre, borrar la exclusión, atacar el analfabetismo, revertir la crónica decadencia cultural en todos los niveles, aumentar la seguridad ciudadana, mejorar la salud y elevar la calidad de vida. ¡Casi lo mismo que en 1853! Sufrimos un paquete de síntomas llameantes, pero que se curan con pocas y efectivas medicinas. No cualquier medicina, por supuesto.

Si a Juan Bautista Alberdi le hubiesen pedido que sintetizara en un vocablo su propuesta, habría exclamado: "¡poblar!". Para poblar había que establecer y mantener el estado de derecho, abrir las puertas a todos los hombres de buena voluntad, reconocer la libertad de cultos, garantizar la propiedad privada, estimular la educación y avanzar en el campo tecnológico.

Si vos, mi demandante lector, también me pidieras sintetizar en un vocablo qué se debe impulsar ahora en la Argentina para resolver sus miserias, relanzar sus maravillas y activar su aletargada potencialidad, diría: "¡invertir y producir!". Así de simple.

Pero, ¿es simple?

En los tiempos de Alberdi existían motivos manifiestos y ocultos que *impedían* la inmigración aluvional. En los nuestros hay motivos evidentes, ocultos y hasta perversos que *impiden* la inversión o que la *malogran* cuando finalmente llega. He dicho bien: ¡que la impiden o la malogran! No nos damos cuenta de que segregamos veneno como reptiles, o como Mefistófeles, para desalentarla antes de que llegue o apenas pisa nuestra tierra.

¿Exagero? Levantá la cabeza y verás que sobre el firmamento navegan los capitales. Observan la tierra con telescopios para descubrir en qué país aterrizar. También miran el nuestro, claro, lo contemplan unas horas y enseguida buscan otro, o apenas arrojan migajas. ¿Por qué? ¿Por qué no los atraemos? ¿Por qué no los seducimos? ¿Por qué no logramos que bajen y se queden con nosotros? ¿Por qué siguen de largo? ¿Por qué? ¡Algo sucede! ¡Alguna barbaridad hacemos para que siempre nos pase lo mismo! ¿Cuáles son esos yerros? ¿Por qué no los podemos identificar?

Porque estamos intoxicados de prejuicios que no son sólo fanáticos, sino furiosos. Que se erizan apenas intentamos demostrar su falsedad. Te sugiero examinar los más importantes, pero sin lástima, ¿eh? Comienzo con algo que suena increíble: el prejuicio a la inversión (en tiempos de Alberdi existía un equivalente prejuicio a la inmigración, no sólo en nuestro país sino en toda América latina). Hago una pregunta de escuela primaria: ¿necesitamos inversiones? Imagino que tu respuesta será: "¡por supuesto!". ¿Por qué? Porque con ellas se abren lugares de trabajo, se reduce el hambre, se moderniza la tecnología, disminuye la violencia, mejora la educación, es posible avanzar hacia la equidad distributiva, aumenta la esperanza y nos olvidamos de abandonar el país. Pero no hay una disposición firme, sostenida, alerta y coherente para que se realicen esas inversiones, mi amigo. Basta con repasar —lo haremos a lo largo del libro— la cantidad incesante de medidas que tienen el efecto de espantarlas como si fuesen una bandada de buitres.

Perdoname que insista, porque es fundamental: a mi juicio necesitamos inversiones con la misma sed que en la época de Alberdi se necesitaban inmigrantes. ¡Pongámonos de acuerdo por lo menos en este punto! Necesitamos muchas inversiones que se afinquen en las áreas productivas y permanezcan ahí por generaciones. Que ganen y reinviertan sin cesar.

Pero, ¡ojo! Cuando digo inversión, no digo *cualquier* inversión.

Es un asunto muy serio. No se trata de ponernos contentos con los llamados capitales "golondrina", por ejemplo, que más que golondrinas son vampiros que chupan la sangre y se van. Tampoco con las inversiones mínimas que se hacen para encubrir el verdadero negocio basado en la protección, los subsidios, las reservas de mercado y otras ventajas que brindan los funcionarios corruptos o irresponsables. Estas inversiones mínimas —acompañadas por privilegios— no desarrollan empresas competitivas y nunca estarán en condiciones de realizar exportaciones importantes. Por eso —entre otras causas— nuestro crecimiento jamás fue sostenido.

Por desgracia, en la Argentina gran parte del empresariado considera que las ganancias se "gestionan" en los corredores del poder. No quiere entender que las fuertes y continuas ganancias provienen de la satisfacción que generan entre los consumidores, encantados por la alta calidad. Así ocurre en un sistema capitalista real: el empresario está obsesionado por ganar la simpatía del consumidor. En la Argentina, que aún no llegó a un capitalismo maduro, el empresario está obsesionado por conseguir que el gobierno le elimine la competencia, y para eso está dispuesto a realizar grandes sacrificios en *lobbies* y coimas.

Ahora bien, la inversión productiva —como fue la inmigración en 1853— es coqueta y exige requisitos no negociables. Sobre eso no hay escapatoria, mi querido amigo. Si esos requisitos no son atendidos, en lugar de frutos obtendremos espinas. En los años 90, por ejemplo, recibimos inversiones por 80 mil millones de dólares, una cifra monumental. Sin embargo, no sirvió de mucho, porque al final de esa década caímos en la peor crisis de nuestra historia. ¿Qué pasó? Pasó que no atendimos los factores que convierten a la inversión en un recurso de crecimiento permanente y sustentable. Es como si a la inmigración no se la hubiese acompañado con la exacta brújula de la Constitución jurada en 1853.

Pero volvamos a la simple inversión, ese diamante en bruto que una sociedad inteligente pule, cuida, hace brillar. Aunque suene absurdo, estarás escandalizado como yo de que todavía haya políticos, comunicadores y hasta teóricos que despotrican contra ella. Es como oponerse a los instrumentos que usa un cirujano en el quirófano. Sin inversión no iremos a ningún lado. Su resistencia es directa u oblicua, conciente o inconsciente. La consideran un diabólico recurso de la dependencia, de la voracidad imperialista, de las multinacionales asesinas, de los explotadores inmisericordes, de quienes pretenden quitarnos la soberanía nacional. Muchos políticos y comunicadores siguen asociando la inversión con un desembarco enemigo, o con el caballo de Troya de un nuevo sometimiento colonial. La detestan si viene de afuera, y si viene de adentro quieren ahorcar a los que habían puesto su capital a buen resguardo, lo cual determina que sólo un loco o un idiota quiera arriesgarse a convertirlos en una nueva fuente de trabajo.

Felizmente ese nacionalismo ramplón y paranoico ha disminuido sus decibeles. Pero sigue vivo; agónico pero vivo. Nos trajo más daños que recompensas. Además, por los resabios de un marxismo vulgarizado y un socialismo peor entendido, en amplios sectores de nuestra opinión pública se mantiene un rocoso prejuicio contra "el vil metal".

El "vil metal"...

¿Hablamos un poco de esa basura? Aunque resulte incómodo debemos reconocer un hecho irrefutable: la inversión se hace con ese vil metal, con dinero (con "guita", para decirlo en argentino), y la guita es cobarde y egoísta. ¡Cobarde y egoísta!, mi apreciado lector. Esos dos rasgos de carácter tan odiosos nunca faltan. Sabemos que el dinero es reacio a ir donde falta seguridad, y tampoco va a donde no puede obtener beneficios. Que haya seguridad depende del estado de derecho, de leyes inamovibles, de una justicia confiable, de una República donde la división de poderes genere un firme control recíproco y haya un desaliento unánime de la corrupción. Que haya ganancias razonables depende de redactar buenos contratos y de que el Estado cumpla con eficacia su misión de garantizar una competitividad transparente e inmarcesible.

Las inversiones no sólo vienen de afuera, ya lo dijimos. Entre nosotros, por falta de seguridad jurídica, se consolidó el hábito de que apenas alguien acumula un capitalcito siente ansiedad por llevarlo al exterior de manera perentoria, antes de que lo rapiñe el Estado o lo desvalorice alguno de los múltiples mecanismos perversos que supimos conseguir. De esa forma, es lógico que nunca será sostenida ni suficiente la inversión de los mismos ciudadanos. Los 130 mil millones de dólares que se estima los argentinos tienen a buen resguardo en bancos del exterior, y los 25 mil millones que tienen escondidos en nuestro país (en conjunto, casi toda la deuda externa), constituye la mejor prueba de esta situación patética.

Ese dinero fuera del circuito productivo nacional es una demostración aplastante de que algo funciona muy mal entre nosotros, es la prueba de que aquí no hay ahorro ni acumulación de capital porque la guita huye hacia los colchones o hacia paraísos fiscales o hacia cuentas seguras en otras partes. ¡Financiamos desde nuestro subdesarrollo a los centros desarrollados! Es una paradoja burda, es psicótico. Pero hay razones para que esa barbaridad ocurra. Debemos preguntarnos de una santa vez: ¿por qué fuga el dinero argentino? Lo sabemos, ¿no? Fuga porque sabe que a la corta o a la larga lo acecha el despojo, instrumentado por leyes y decretos llenos de buenas intenciones... que acaban por erosionar el presente y el futuro. En consecuencia, quienes no desean arruinar su presente ni su futuro mandan el dinero afuera, antes de que sea tarde.

Las apelaciones al patriotismo en materia de dinero tienen una ingenuidad que produce lágrimas y risa. Implorar que los capitales regresen al país y se vuelquen al circuito productivo no es la forma. ¡La forma es ofrecerles garantías de acero! Las mismas que rigen en países donde a nadie se le ocurre expatriar sus bienes por miedo al despojo. ¿Por qué no mandan afuera su dinero los irlandeses, los chilenos, los españoles, los finlandeses, etc.? ¿Por qué ellos prefieren reinvertirlos en sus propios países? Los argentinos, en cambio, seguirán mandando afuera todo lo que ganen antes de que se los rapiñen, y no lo repatriarán hasta que se les asegure y demuestre que aquí reina con vigor el estado de derecho. ¡Si ni siquiera la provincia de Santa Cruz aún repatría los dineros que el presidente Kirchner, cuando era gobernador, mandó afuera! ¿Cómo se tiene la desfachatez de pedir semejante suicidio a los demás?

Es asombroso cómo la clase política se desgañita en tantos temas, menos en los que pueden arrimar la solución. Es como si en la época de Alberdi hubieran seguido repicando los prejuicios contra los inmigrantes (prejuicios que siguieron teniendo vigencia, claro que sí, pero no alcanzaron a quebrar el espíritu progresista de la Constitución nacida en 1853). Hoy en día no se presta atención a las medidas constantes, rectas y coherentes que estimularían la inversión productiva en gran escala: la inversión de los 25 mil millones escondidos aquí, los 130 mil millones escondidos afuera y los miles de millones que podrían venir de otras fuentes. La clase política y muchos comunicadores se prenden a malos entendidos anacrónicos que los lleva a construir apotegmas que dificultan esa inversión y demoran el crecimiento (qué triste: lo hacen con la ciega convicción de traerle beneficios al país...). Me recuerdan un equívoco pedestre. Cierta mujer le preguntó a su amiga si estaba enferma. "Te lo pregunto porque he visto salir a un médico de tu casa esta mañana." La amiga le respondió con un guiño: "Mirá, querida, ayer por la mañana vi salir a un militar de la tuya y no por eso estamos en guerra, ¿no?".

Cómo solucionar los problemas

Para resolver nuestros problemas y acceder a una nueva alborada no existen secretos, ya te dije. Bastaría estudiar de qué forma emergieron de la ciénaga Portugal, España, Irlanda, y ahora lo hacen varios países de Europa oriental. Sólo necesitamos un pequeño manojo de decisiones férreas y en torno a esas decisiones desplegar un programa que nunca deje de acatar esas decisiones. No son muchas, pero son ineludibles. Además, debemos hacerlo por el término de muchos años, como sucedió en España y lo hicieron nuestras grandes personalidades de la segunda mitad del siglo XIX. Hay que dirigir los ojos hacia una meta precisa, sin dispersiones estériles. Séneca escribió esta sabia sentencia: "para el timonel que no sabe adónde ir, todos los vientos resultan adversos".

El progreso real que requiere nuestro país señala que el camino, a mediano y largo plazo, pasa por las "inversiones productivas" y, sobre todo, "competitivas" (es decir, libres de los nefastos privilegios que brinda el poder; tomemos conciencia de que estos privilegios son, a la corta o a la larga, como los favores que Mefistófeles regaló al pobre Fausto). Es la llave maestra. Si se consiguen abundantes inversiones productivas y competitivas se empezarán a romper los muros de nuestra prisión decadente. Pero ¡ojo!, tengamos en cuenta que no vendrán las grandes inversiones si perciben que no impera un firme respeto a los contratos, la transparencia competitiva y una insospechada independencia de la justicia. De lo contrario las inversiones que vengan durarán poco o se marcharán, como nos ha pasado reiteradas veces.

En otras palabras, no basta gritar a las nubes haciendo bocina con las manos: "¡Vengan a nosotros, queridas inversiones productivas, que somos buenitos!". Hay que hacer cosas en forma coherente y tenaz para que nos crean.

Durante la época de la organización nacional se realizaron esfuerzos internos y externos para conseguir la inmigración aluvional. Opino que las inversiones también deberían ser aluvionales, mucho más abundantes que las que desembarcaron en la década de los 90. ¡No es imposible! De ninguna manera.

En la actualidad hay inversiones de esa magnitud en países que hasta hace poco se mostraban tan refractarios hacia el capital y el capitalismo como el nuestro; estuvieron encadenados a la ilusión de un marxismo desactualizado, un populismo infantil o un tercermundismo en agonía. Pero abandonaron esas cadenas llenas de estéril ilusión y ahora alzan vuelo. En la Argentina, por el contrario, seguimos atados a la fascinación de cadenas herrumbradas que titilan etiquetas de "revolución", "progreso", "izquierda", "liberación", "antiimperialismo" y que no tienen en el fondo nada de eso. Son cadenas al fin.

Cada uno: vos que me estás leyendo, yo mismo, nuestros parientes y vecinos, creo que millones de conciudadanos ardemos de bronca por la decadencia que nos abruma. La consideramos inmerecida; pero es lógico pensar que si la tenemos es porque la merecemos, porque también somos responsables. Nos afecta el alma porque, en vos y en mí, late la convicción de que la Argentina podría tener otro destino. Sabemos que en algún momento empezamos a alejarnos del buen rumbo, a cometer errores, a llenarnos de problemas. Es así, lamentablemente. Pero si nos alejamos del buen rumbo, no es imposible volverlo a encontrar, siempre y cuando superemos las falsas señales que nos distraen en la brújula.

No sé si pensás igual, lector juicioso. Tal vez no, y me cuidaré de reprocharte. Tantas frustraciones han aumentado el pesimismo de mucha gente, por supuesto. Te aseguro que no me enojo con los pesimistas y tampoco me considero un optimista intransigente, porque suena a ingenuidad, pero jamás se me han ido las esperanzas. Eso no. Nuestro país, pese al panorama brumoso, sigue teniendo fortalezas, energías y brillo que podrían atraer el caudaloso maná de las inversiones productivas y reconstruir la atmósfera fértil de la seguridad jurídica.

Enumero algunas de nuestras conocidas fortalezas a vuelapluma. Solas no sirven de mucho, pero si las acompañamos de medidas consistentes —como los países exitosos—, producirán otro milagro, como el que empezó en 1853.

¿Quién no las conoce? Tenemos recursos naturales abundantes e inexplotados, con grandes reservas en muchos rubros, en especial el agua que pronto será más valiosa que el petróleo. Hay hambre pero no hambrunas y nuestra población, que exhibe un relativo nivel cultural e indiscutibles habilidades, no padece epidemias. Por lo tanto, sobran los recursos humanos excelentes, que permitirían desarrollar nichos productivos con enorme valor agregado, tales como biotecnología, telecomunicaciones, informática y genética. Contamos con más materia gris de la que usamos. No nos hieren conflictos estructurales étnicos ni religiosos. Se acabaron las hipótesis de conflicto con los países vecinos. Nuestro territorio posee un tamaño casi continental, con enormes porciones vacías e inexploradas.

Pero ocurre que esas fortalezas son degradadas por el velo áspero de nuestras debilidades. Para implementar las soluciones debemos primero identificar esas debilidades, ponernos de acuerdo en que son debilidades y no virtudes, y amucharnos de una vez para la batalla que relanzaría el país hacia su crecimiento tan soñado.

Este libro, mi lector despabilado, no es un programa de gobierno. No. Si eso esperabas, lamento decepcionarte. No me corresponde semejante tarea: la deben realizar los partidos políticos, con plataformas exhaustivas y bien fundadas. Este libro aspira modestamente a señalar las bases que deberían asumir los partidos serios en estos momentos de confusión. No son secretas. Fijate que en los países exitosos se han puesto de acuerdo en torno a ellas y ya no existen diferencias importantes entre sus denominaciones políticas cardinales. Luchan por matices, o por problemas circunstanciales como la guerra de Irak y el terrorismo. Sus diferencias se centran en los derechos de los homosexuales, una leve suba o baja de los impuestos, aumento o disminución de la ayuda social, prohibir la tenencia de armas, eliminar la pena de muerte, ajustar el sistema jubilatorio, y así por el estilo. Pero no se cuestionan aspectos que en la Argentina son asignaturas pendientes de un espesor agobiante.

¿Cuáles son esas asignaturas pendientes? Enumero y repito algunas: estado de derecho, cumplimiento de los contratos, independencia de la justicia, apertura a la inversión, desaliento a la impunidad, estímulo de la competitividad transparente, una legislación laboral moderna que favorezca el empleo e indiscutida protección de la propiedad privada. Para los países que ya nadan en la riqueza estas asignaturas pendientes son historia antigua, primitiva, propia de ignorantes, necios o salvajes. En esos países no existe urgencia por enviar las ganancias al exterior por miedo a expropiaciones (manifiestas o encubiertas), ni miedo a que le violen las cajas de seguridad, ni miedo a que una inversión esperanzada fracase por exigencias laborales confiscatorias. En esos países desaparece la pobreza porque cuando el ingreso per cápita llega a ser muy alto, nadie deja de tener lo esencial para una vida digna y, en consecuencia, nadie deja de tener libre acceso a las oportunidades.

En nuestro caso los problemas derivan de errores gordos. Por ejemplo, durante décadas nos sedujo la inflación. No advertíamos la monumental estafa social que ella implicaba: ningún jefe de hogar sabía cómo llegaría a fin de mes y ningún empresario podía trazar la ruta de su negocio.

También se miraba a un costado frente al gasto público, que se consideraba un noble distribuidor de la riqueza.

Hemos tolerado la evasión, delito que no creaba inquietud moral porque se la consideraba una lógica respuesta a los abusos y arbitrariedades del gobierno.

El crecimiento fabuloso de la deuda pública no quitaba el sueño mientras ayudaba a proseguir con los privilegios y pagar la fiesta de los corruptos. No nos dábamos cuenta de que son problemas a resolver.

En fin. Vayamos por parte. Me gustaría levantar el telón y exhibirte un malhadado trío: anomia, debilidad de las instituciones, resistencia al progreso.

El vampiro de la anomia

Sí, empiezo con la *anomia*.

Muchos factores, entre los cuales se incluyen complicidades de todas las franjas de la sociedad, han provocado su hipertrofia monumental. El crecimiento de la delincuencia menor y mayor tiene sobre ascuas a los ciudadanos. Aunque hace tiempo que se insiste en nuestra varias veces centenaria falta de respeto a la ley, todavía no se asume que es preciso dar claras señales de que un delito, cualquiera fuese su gravedad y su protagonista, será objeto de sanción. Una sanción que le llegará tarde o temprano, pero le llegará. El jurista irrefutable Cesare Bonessana, marqués de Beccaria, hace dos siglos que en su *Dei deliti e delle pene* demostró que no era importante la intensidad de una sanción, sino la certeza de que siempre, siempre, un delito, cualquiera fuese su gravedad, será sancionado. De esta forma se desalientan las violaciones a la ley, se disminuye la criminalidad de guante blanco o guante negro y cada uno aprende a reconocer cuáles son los límites que impone la civilización.

La otra tarea, el combate al hambre, la pobreza, la desnutrición, el analfabetismo y la exclusión social, es también imprescindible. Pero, lo repito, es otra tarea. No debe esperarse a que seamos todos ricos para que desaparezcan los crímenes, porque los crímenes no son sólo el patrimonio de la gente empobrecida. Eso sí es "criminalizar la pobreza". El pobre y el rico, el grande y el joven, el exitoso y el fracasado deben saber que una de las igualdades que hacen digna la civilización es la igualdad ante la ley, se trate de quien se trate.

La anomia argentina fue cantada por Enrique Santos Discépolo en un tango que dio a conocer a mediados de los años 30, cuando todavía nadábamos en la opulencia. Seguro que recordás la letra de *Cambalache*:

> *El que no llora no mama*
> *Y el que no afana es un gil.*
> *¡Dale nomás! ¡Dale que va!*
> *...*
> *Que a nadie importa*
> *Si naciste honrao.*
> *Que es lo mismo el que labura*
> *Noche y día como un buey,*
> *Que el que vive de los otros,*
> *Que el que mata o el que cura*
> *O está fuera de la ley.*

Como ejemplo ayuda a recordar que el 31 de diciembre de 2004, el mismo día en que los diarios reportaban la tragedia del boliche República de Cromañón, se informaba sobre una más de las frecuentes transgresiones que practicamos los argentinos. Ese informe señalaba que el 77% de los ciclistas no respetan los semáforos, el 36% circula a contramano y el 93% no usa casco protector. ¿Nos asombra que en esa noche horrible se festejase el lanzamiento de las bengalas, pese a las advertencias de su peligro?

Misteriosas instituciones

En la Argentina se afirma con razón que no se respetan las instituciones.

Diría más: muchos ni siquiera entienden qué son las instituciones. Borges lo atribuía a una escasa capacidad de abstracción. Decía que nos cuesta concebir algo tan etéreo como las instituciones y, en consecuencia, no tenemos una visión clara, por ejemplo, sobre esa entidad llamada Estado. "Robarle al Estado es robarle a la nada."

Las instituciones son mucho más que los edificios, los sellos y los funcionarios. Son más que el poder Legislativo, Ejecutivo y Judicial. Por lo general se confunde mucho. Si criticamos el poder Judicial, pensamos que bastaría con cambiar ciertos jueces. Si funciona mal el poder Legislativo, cambiar diputados y senadores ineficientes y corruptos por otros mejores. Si funciona mal el poder Ejecutivo, elegir mejor el Presidente. Eso es parcial y miope. Hemos chillado "¡Que se vayan todos!" con la esperanza de que íbamos a conseguir los cambios deseados. Pero no hubo cambios porque las instituciones, en especial las que funcionan mal, siguieron vigentes.

Las instituciones son más que todo eso: son el conjunto de normas, reglas, pautas, códigos y tradiciones explícitas e implícitas que prevalecen en una sociedad, que regulan las relaciones entre los ciudadanos y de éstos con el Estado. Son la columna vertebral de la organización política, económica y social. Su valor puede medirse por la capacidad de proteger los derechos de los ciudadanos, derechos inalienables que incluyen su libertad, su privacidad, su propiedad y su derecho a la igualdad de oportunidades. Las instituciones sanas contribuyen a generar los ingredientes del crecimiento, la acumulación de patrimonios y el desarrollo del capital humano. Por consiguiente, de poco vale cambiar personas, partidos e ideologías si las pautas que regulan una sociedad chirrían como un carruaje destartalado. Si nos referimos al ejemplo de la justicia, no basta que los jueces emitan sus fallos a tiempo, sino que sus fallos sean de veras justos y brillen por su calidad.

Las instituciones también contribuyen a la formación y el funcionamiento de los mercados. Esto es esencial en el mundo desde que empezó el capitalismo, nos guste o nos disguste. Los mercados crecen y se fortalecen cuando se garantiza (sin trampas) el derecho de propiedad y la seguridad de los contratos. Los mercados se estabilizan cuando aumenta la capacidad de absorber stocks y mitigar su volatilidad. Por eso es una función axial de las instituciones regular la difusión de las informaciones, dar las mismas oportunidades a todo el mundo, no otorgar privilegios a unos a costa de otros y garantizar la transparencia competitiva. Debe agregarse, por supuesto, su obligación de brindar asistencia y protección social para las franjas más débiles y desprotegidas, que no deben eternizarse en su miseria.

Pero las instituciones que conspiran contra esos deberes —como ocurre en nuestro país— siguen siendo instituciones, aunque pervertidas, y acaban perdiendo el respeto de los ciudadanos. Entre las cosas que debemos hacer cuanto antes, es escuchar el mandato de "no meter la mano en el bolsillo de los que producen para transferirlo a quienes no producen" con el fin de esclavizar su voto y su voluntad. No nos equivoquemos: el resultado de esa transferencia no es la justicia social, sino el empobrecimiento de las mayorías. Es lo que sucede en los países atrasados, no en los exitosos. El problema que aqueja al sistema institucional argentino está ligado con las reglas de juego formales e informales que rigen nuestro comportamiento. Sabemos, por ejemplo, que hay que pagar impuestos, pero la carga tributaria es tan alta, sísmica y compleja que hacerlo en debida forma significa merodear la quiebra; a ese desaliento se añade la evidencia de que el dinero que va al fisco se pierde en gastos ineficientes y corruptos que nunca alcanzan para lo que el ciudadano de veras necesita. Se paga para nada.

Las instituciones funcionan mal cuando los jueces no tienen hormonas para calificar de inconstitucional a muchas leyes que lesionan los derechos ciudadanos. Bajan la cabeza ante la presión del poder Ejecutivo, los lobbies del Legislativo o las incomprensiones de la prensa.

Las personas y empresas que son férreamente controladas por la AFIP tienen menos rentabilidad que las que pueden evadir, y ni hablar de las ventajas de quienes trabajan en el mercado informal y contratan en negro. El control no es eficiente ni equitativo, y no veo que haya una obsesión por hacer las debidas correcciones en forma bien planificada, a largo plazo. No alcanzan algunas convulsiones a cargo de funcionarios bienintencionados que aprovechan la época estival, haciendo controles en rutas y puertos.

Las instituciones deformes consiguen que los inversores genuinos, que empiezan con algún entusiasmo, a poco andar son doblegados con azotes impositivos, un súbito aumento de salarios por la "bondad" del gobierno, la modificación retroactiva del impuesto a las ganancias, fuerte impuesto a las exportaciones, eternización del impuesto al cheque, suba de los insumos porque aumentaron los derechos de importación, y así en adelante. Entonces el buen inversor argentino se golpea el pecho y aúlla a las nubes: "¡estúpido de mí, haber invertido aquí en vez de llevar esa guita al exterior!".

Los argentinos somos patriotas pese a todo, porque volvemos a probar una y otra vez; se nos fueron millones, pero millones siguen aquí, con abnegación de mártires. ¡La de maldades que nos hicieron en nombre de la justicia social y el progreso! Hubo controles de precios, leyes laborales asfixiantes, ley de alquileres, control de cambios, tasas de interés reguladas, tablitas, confiscación de depósitos, devaluación asimétrica. ¿Qué nos ha faltado? Somos la más completa enciclopedia de experimentos económicos y legislativos que hacen imposible la vida de quienes desean invertir, producir, ganar y reinvertir.

Éstas son, querido lector, las malas instituciones, las que se apartaron de la Constitución forjada en 1853. Son las que en lugar de ayudarnos, sabotean nuestro esfuerzo con miles de falacias en las que —*mea culpa*— aún creemos. ¡Aún creemos en ellas! ¡Qué antiguos! ¡Qué desfasados!

En términos prácticos, cuando las instituciones perturban la libre y ecuánime competencia —violando nuestra Constitución— impiden que los buenos proyectos recuperen la inversión y alcen vuelo hacia calidades de nivel internacional. Nos obligan a seguir siendo pobres.

Te voy a decir algo duro: la economía argentina se ha manejado durante décadas sin tenerle respeto a la gente, pese a los hipócritas discursos en contrario. ¿Por qué? Porque los recursos productivos, que son escasos, fueron asignados sin tener en cuenta la necesidad de los consumidores, sino el capricho o las ideas brillantes de los funcionarios de turno. En efecto, estos burócratas "saben" qué le conviene al país y qué lo llevará a su "destino de grandeza". No se diferencian sino en intensidad de los burócratas soviéticos que asesinaron decenas de millones de personas para imponer la colectivización forzada y construir el paradisíaco socialismo que acabó en hambrunas apocalípticas de las que después ni se hicieron cargo. Los burócratas con poder, además de arbitrarios y apasionados, son arrogantes y jamás se reprochan los errores.

Así en todas partes.

No resulta difícil entender algo básico de la economía: los precios y servicios en el mercado fluctúan como consecuencia de la elección que a diario hacen las personas. No es difícil, lo entiende un niño. Los buenos empresarios están alerta a lo que sucede. Asignan capital y trabajo según las demandas. Por eso el secreto de una economía eficiente no es ningún secreto: consiste en que tanto la mano de obra como el capital se destinen a satisfacer las necesidades de la población a los precios más bajos y las calidades más altas. Esa es toda la ciencia.

Sin embargo, muchos genios argentinos piensan diferente. Por soberbia, o por corrupción, o por senilidad ideológica, se arrogan el derecho a decidir qué se debe producir. No les importa qué "vota" a diario la población. No les importa para nada. Por eso crean empresas estatales, establecen restricciones a la competencia, inventan controles de todo tipo, brindan subsidios a los sectores que consideran más valiosos. Lo hacen a su magnífico saber y entender. Aunque braman su amor por la democracia, la democracia no les importa un garbanzo. En lugar de atender las demandas y necesidades del pueblo, saben más que el pueblo, y harán por el pueblo mucho más de lo que el pueblo sería capaz de hacer. Ellos le indicarán al pueblo qué comprar, qué vender, qué desear, qué aborrecer.

Esos burócratas se han provisto de una caja de instrumentos que envidiaría el mejor cirujano: pinzas que aseguran la protección arancelaria, vendajes compresivos para no dejar pasar sino ciertos cupos, suturas que garantizan las restricciones, separadores de gran potencia para defender derechos específicos. No importa la sangre ni el dolor. La propaganda y la alineación colectiva impidieron advertir que esas medidas maravillosas eran malditas y no ayudaban al país, ni a la justicia social, ni a la equidad, ni al crecimiento, sino que derramaron gigantescas transferencias de dinero en las hondas faltriqueras de los dueños y accionistas de empresas "bendecidas" por el poder, transferencias muy superiores a las que hubieran logrado en condiciones de una competencia limpia y justa.

Esta barbaridad suele llamarse "nacionalismo económico", o "ayuda a la burguesía nacional", o "estímulo al capitalismo argentino", o "defensa de la producción nacional". ¡Cuánta palabrería mentirosa! Por eso tenemos empresarios millonarios con empresas quebradas, mi querido lector. Los empresarios se guardan los billetes y las empresas caen porque desde el comienzo tienen pies de barro. Los empresarios se adueñan de las inmerecidas rentas y no les interesa modernizar sus agónicas empresas porque gozan de una clientela cautiva gracias a las restricciones llovidas desde el poder. ¿Para qué mejorar su eficiencia? Serán muy cuestionables por lo que quieras, pero no son estúpidos.

¿Y los sectores sindicales? ¡Ah, los sectores sindicales con sus dirigentes enriquecidos! No es tampoco un secreto que son cómplices de este desaguisado. Operan como socios de las actividades protegidas desde el gobierno, para así apropiarse de una parte de la renta extraordinaria de las empresas ineficientes, renta que paga el impotente consumidor. Los empresarios beneficiados no tienen inconveniente en transferir a los sindicatos una parte de la renta extraordinaria, siempre que defiendan el privilegio del que ellos disfrutan como maná caído del cielo. Juntos cantan la marchita de "luchar contra el capital" y proteger la producción del país... ¡Cómo se abrazan en privado el "trabajo" y el "capital" (pervertidos)! Mientras, los funcionarios de turno rebosan felicidad con el diezmo que reciben por debajo o por arriba de la mesa. Total, paga el pueblo, paga el consumidor.

¿No te hace hervir la sangre? Esas políticas destinadas a brindar rentas extraordinarias a determinados sectores se ha consumado en perjuicio del pueblo. Y esto ocurre en forma continua e intensa desde hace por lo menos siete décadas. Por eso el nivel de vida del pueblo es cada vez más bajo, por eso la polarización de la riqueza es cada vez más escandalosa y por eso la Argentina ha dejado de ser un país agresivamente exportador. La razón es transparente como el cristal: si alguien tiene asegurado el mercado interno, ¿para qué invertir y arriesgarse con el propósito de ganar mercados externos? Salvo excepciones, el conjunto de la economía argentina se ha manejado en esos términos, de ahí la crónica decadencia. Inclusive el veranito que ahora disfrutamos en base a la sustitución de importaciones —lamento decírtelo— es pan para hoy y hambre para mañana. Seamos realistas, por favor.

Nuestro orden jurídico está subordinado al tráfico de influencias que llevan a cabo políticos, empresarios, sindicalistas, gestores y profesionales, en una suerte de carnavalesca subasta que ignora los derechos del ciudadano común. Negocian a espaldas de la gente y no les importa lo que quieren y hacen millones de argentinos en sus infinitas transacciones cotidianas. Desprecian esas transacciones y asignan recursos de acuerdo con los compromisos que sellan entre sí, como tahúres. No les estremece el riesgo de la inversión, ni las ganas de trabajar, ni el esfuerzo innovador, ni la ambición por crecer. Sólo les interesa apropiarse en forma indebida de la renta nacional y quitar el patrimonio de terceros utilizando al Estado como lanza y escudo.

Miedo al progreso

¿No te confunden quienes dicen empujarnos hacia el progreso y en realidad nos maniatan a un degenerativo *statu quo*?

¿No estaremos hipnotizados por un equívoco de gran potencia?

En la Argentina ahora se llama "progresistas" a los que miran hacia atrás y pretenden restablecer el paraíso perdido del primer peronismo. O el paraíso perdido del socialismo real (utópico, controlador y voluntarista) que fracasó sin retorno a fines de los años 80. O los ideales de la violencia "libertadora" que ensangrentó los 70. O la rebelión juvenil y entusiasta —pero estéril— que estremeció los 60. Mirar para atrás nunca puede ser progresista, menos si ese "atrás" terminó en fracasos indiscutibles.

Se ha dicho que el único paraíso que existe en este mundo es "el paraíso perdido". John Milton fue un genio al intitular así su poema radiante de hallazgos. De modo que, pese a nuestra frustración, no se lo puede recuperar de ninguna manera. Añadamos algo más concreto: los recursos que financiaron ese paraíso que cosquillea nostalgias fueron dilapidados estúpidamente y ya no existen ni bajo las lozas de nuestra mejor voluntad. Se terminaron para siempre los lingotes de oro del Banco Central. Ahora hace falta volverlos a producir. Para eso —insisto— se requiere guita, inversión, un gran proyecto productivo, cultura del trabajo, aumento de las exportaciones, incorporación de valor agregado a nuestros productos de calidad, exterminio de trabas burocráticas y respeto a la ley —como se hizo a partir de la Constitución de 1853—. Las recetas "progresistas", que se basan sólo en un distribucionismo intenso —al que reconozco legítimo y a veces imprescindible—, debe estar acompañado por un ascenso de la riqueza que sólo se logra con la liberación de las fuerzas productivas que laten en una nación. De lo contrario, ese distribucionismo se vuelve regresivo, controlador y esterilizante. A la corta o a la larga, hunde en más pobreza y más desesperación.

Sigo.

Muchos presuntos "progresistas" confunden justicia social con uniformar para abajo, a lo bruto. Es tan grotesco que debemos tener el suficiente coraje para denunciarlo sin escrúpulos, porque hace mucho daño tras embelesarnos con un ideal falaz. Baste el siguiente botón de muestra. El líder indigenista boliviano Felipe Quispe afirmó que "si una parte de la población usa ojotas y otra usa zapatos, que todos usemos ojotas". ¡Bravo, Quispe! Eso es fácil, eso es revolucionario, eso provoca una explosión de júbilo. Parece un acto maravilloso de justicia y es rápido de implementar. Pero yo le diría a Quispe que si una parte usa ojotas y otra zapatos, mejor sería que todos tengan acceso a los zapatos. Por supuesto que hará falta entonces inversiones, esfuerzo, imaginación, disciplina, tecnología, constancia y tiempo. No podremos hablar de "revolución" ni de "milagros". No habrá concentraciones multitudinarias que festejen con bombos y bombas. No. Pero los frutos serán mejores. Quispe es celebrado como ínclito miembro del campo progresista. ¿Qué diría Marx, para quien el progreso depende del perfeccionamiento, complejidad y mayor nivel de los medios de producción? Me parece que Quispe y Marx no se mirarían con amor.

Este ejemplo me trae a la memoria una irónica observación de Winston Churchill: "El gran defecto del capitalismo es que distribuye la riqueza con muchas iniquidades, mientras que el mérito del comunismo es que distribuye la miseria con admirable equidad".

Prosigo en el mismo tema y voy al otro extremo: los "reaccionarios", los "insensibles", los "gusanos", las "ratas" (como zoologicaban Stalin, Goebbels y ahora Castro) exigen cosas tan extravagantes y "burguesas" como estado de derecho, profunda reforma del Estado, higiénica reforma política, reforma tributaria eficaz y equitativa, apertura a las inversiones, una reforma educativa que apunte a la excelencia y una jerarquización seria de las instituciones. También se los llama "conservadores", "enemigos del pueblo" o —en forma tan difusa como era la palabra "sinarquía" en los sanguinarios días de José López Rega— la "derecha".

Yo te pregunto: ¿quiénes son de verdad los progresistas? ¿Quiénes de verdad los reaccionarios? ¿Dónde está la derecha y dónde la izquierda? El enroque ideológico no es nuevo entre nosotros, aunque se practique menos el ajedrez. En los tiempos de la confrontación entre unitarios y federales —los unitarios eran porteños en su mayoría, los federales eran por lo general provincianos— tuvimos al cordobés unitario José María Paz por un lado, y al porteño federal Manuel Dorrego por el otro.

Te confieso en privado y en público que me considero un indoblegable progresista. Pero cada vez estoy más lejos de los "progresistas" como Quispe, Chávez, Castro y los que nos obligan a castrarnos como idiotas en su infierno lleno de promesas falsas.

Bajo la luz de un farol

Igualar para abajo —como anhelan muchos presuntos "progres" argentinos, latinoamericanos y de otros países que sufren miseria— es fácil y horrible a la vez. Deriva de una distorsionada concepción de la justicia.

Fijate: cuando en la Revolución Francesa estallaron las palabras "Libertad-Igualdad-Fraternidad" se expresó algo tan imperativo como entre nosotros el "¡Que se vayan todos!". Pero así como no fuimos constantes ni serios para lograr el objetivo de echar siquiera a los peores, tampoco lo fueron los franceses para imponer esas palabras resonantes. Ninguna de las tres se convirtió en una sólida realidad. La Igualdad menos que las otras dos.

Recordá, por favor: en pocos meses el pueblo de Francia se dividió entre quienes ejercían el poder, tenían derecho a ser jueces absolutos, podían usar la guillotina y aplicar el terror a mansalva por un lado, y por el otro una multitud perpleja, sometida y acoquinada, sin derechos individuales ni perspectivas de conseguir la libertad, igualdad y fraternidad que habían soñado. Después se instaló la dictadura napoleónica y más tarde se sucedió una alternancia convulsiva de monarquías y repúblicas que no labraron una sustentable gobernabilidad. Años más tarde el marxismo profetizó que las tres palabras reinarían en los tiempos maravillosos que iba a establecer el proletariado al eliminar la diferencia de clases. Pero la profecía no se cumplió, ni siquiera con la gran estafa de la Revolución Rusa. En efecto, la dictadura no fue del proletariado, sino "en nombre" del proletariado; la hicieron burgueses y pequeñoburgueses que no dudaron en fusilar millares de proletarios que se resistían a sus órdenes y delirios; se uniformó para abajo —como sueñan los "progres"— y los trabajadores de todas las áreas sociales se hundieron en la tragedia (no así la oligarquía del Partido y el resto de la *Nomenklatura* criminal).

Escribió el novelista español Manuel Vicent: "Si a Carlos Marx le hubieran asegurado que un día no lejano los obreros ingleses irían de vacaciones a Capri conduciendo su propio automóvil climatizado y pedirían el libro de reclamaciones en un restaurante para protestar porque la cerveza no estaba los suficientemente fría, ¿acaso hubiera escrito *El Capital*?".

En contra de la visión ingenua que prevaleció en el pasado, con la simple luz de un farol ahora se advierte que la igualdad no consiste en que todos tengamos lo mismo y seamos lo mismo. Es absurdo y va en contra de la naturaleza, que desde la biología misma enseña cómo se avanza desde la indiferenciación hacia una diferenciación cada vez más refinada. Cada persona es diferente, nace diferente y se labra un camino diferente. Por lo tanto, querer que seamos idénticos es la ambición de los totalitarios o de los ignorantes. En el totalitarismo la persona es forzada a renunciar a su especificidad y encogerse a molécula anónima, para nada distinta a las otras moléculas del conjunto. El totalitarismo —de izquierda o de derecha— iguala en el subsuelo, hace retroceder hacia las etapas primitivas y, en consecuencia, es siempre reaccionario, aunque prometa construir un "hombre nuevo".

La igualdad que debemos conseguir, por el contrario, es la de las oportunidades. Cada hombre y mujer tiene derecho a beneficiarse con todas las oportunidades que estén a su alcance. A partir de ahí labrará su destino. Unos llegarán más lejos y otros más cerca, unos triunfarán y otros serán derrotados. Pero todos deberán usar los recursos de su inteligencia, de su universo emocional, de su ambición, de sus deseos. El punto de partida es el mismo, no así el de llegada. Esto puede resultar angustiante para quienes temen la competencia, pero la vida es competencia, nos guste o no.

Hace poco, hablando sobre el tema, una mujer me preguntó si no era ridículo que me refiriese a la igualdad de oportunidades en un país como el nuestro, donde la exclusión y la pobreza sofocan. ¿Qué igualdad de oportunidades puede tener un niño —decía— que debe recorrer leguas a lomo de burro para llegar a su escuelita rural, si llega? Tardé en contestarle porque la pregunta dolía. Mi respuesta fue la siguiente: para que sea posible la igualdad de oportunidades debemos combatir las plagas de la exclusión y la pobreza. ¿Cómo? Lo sabemos y lo repito: abriendo nuevas fuentes de trabajo. Para abrirlas hace falta inversión, y para que haya inversión necesitamos seguridad jurídica. Y para que haya seguridad jurídica debemos predicar en el desierto o en los valles, apasionadamente, hasta que se entienda por dónde de veras pasa el progreso.

También es decisiva la redistribución del ingreso, claro. Pero como en el tema de la igualdad, aquí también imperan prejuicios o equivocaciones que se advierten con la mera luz de un farol. Muchos suponen que la riqueza es un caudal fijo, concreto, una suerte de montaña formada con joyas, monedas de oro, propiedades y carretadas de dólares. Ese tesoro, mucho más grande que el de los piratas o el que descubrió Alí Baba, no debe ser disfrutado solamente por un grupo pequeño e insensible. Es inmoral que ocurra. Debería ser repartido en forma noble y equitativa. Pero resulta que eso no es realizable porque partimos de un planteo falso: la riqueza es otra cosa, como estarás de acuerdo conmigo, mi informado lector. La riqueza no es algo terminado, no es una montaña de alhajas al alcance de los sentidos. La riqueza es un flujo. Un flujo poderoso y a veces inaprensible. Un flujo que debe ser alimentado, de lo contrario se agota y muere. La generación y distribución de ese flujo es permanente y se realiza por canales infinitos. Aunque parezca un disparate, la distribución es también necesaria para fogonear la riqueza; una buena redistribución multiplica la acumulación. Pero me refiero a la buena redistribución, la equitativa, la exenta de corporativismo, clientelismo y corrupción.

La redistribución no se realiza sólo con planes sociales o con demagógicos regalos, o con puestos improductivos, o con exenciones brotadas de privilegios. Esa mala redistribución traumatiza al sistema y achicharra la riqueza. Eficiente es la redistribución de las administraciones responsables donde hay un firme control del gasto, donde se impiden las trampas a la competencia, donde se respetan los derechos individuales, donde los servicios de infraestructura a cargo del Estado excluyen la perversidad del clientelismo.

Un país como Finlandia tiene uno de los más altos índices de recaudación impositiva que la gente paga porque hay conciencia ciudadana y porque sabe que su tributo se redistribuirá en forma equitativa. En cambio, donde se recurre a un distribucionismo voluntarista y demagógico surgen los huracanes de la devastación. Te recuerdo, lector tenaz, que la polarización de la riqueza que tanto deploramos sólo disminuye con el crecimiento de la productividad, no con el distribucionismo a mansalva. En los países exitosos se produce un achicamiento del abismo entre ricos y pobres. Basta comparar Oceanía, Canadá y Europa occidental con América latina, África, muchos países árabes y asiáticos. En estos últimos una oligarquía cada vez más pequeña acumula la opulencia mientras una mayoría cada vez más ancha muerde el desaliento.

Nos apartamos del buen camino

Esta tarde he ido con los niños a visitar la sepultura de Platero,
que está en el huerto de la Piña. En torno, abril había adornado
la tierra húmeda con grandes lirios amarillos.
Los niños así que iban llegando, dejaban de gritar. Quietos y serios,
sus ojos brillantes en mis ojos, me llenaban de preguntas ansiosas.
—¡Platero, amigo! —le dije yo a la tierra—: si, como pienso,
estás ahora en un prado del cielo y llevas sobre tu lomo peludo a
los ángeles adolescentes, ¿me habrás quizá olvidado? Platero, di-
me: ¿te acuerdas aún de mí?
Y, cual contestando a mi pregunta, una leve mariposa blanca que
antes no había visto, revoloteaba insistentemente, igual que un al-
ma, de lirio en lirio.

JUAN RAMÓN JIMÉNEZ

Nullius in verba es una expresión del poeta Horacio que
reconoce el hecho de que no hay una última palabra. La
ciencia se ha ocupado de demostrarlo una y otra vez. Los
buenos científicos son aquellos que no dudan en cuestio-
nar inclusive sus propias tesis anteriores si son refutadas
por la investigación que desarrollaron después. El conocimiento es materia de un cuestionamiento permanente, in-
fatigable. La verdad muestra segmentos que se desvanecen,
que retornan enérgicos y se desvanecen otra vez. Desafía

nuestra perseverancia. La epistemología nos informa que es más alta la montaña de errores acumulados y definitivamente condenados al desdén, que la modesta colina de las verdades consagradas.

Lo mismo ocurre —y en medida superior— cuando se trata de las ideas vinculadas a lo social, económico y político.

Traigo esto a colación porque durante décadas prevalecieron teorías y concepciones que nos hicieron opulentos. Fue el buen camino, el que llevaba hacia delante y no hacia atrás, hacia arriba y no hacia abajo. Pero nos cayó encima una época en que esas concepciones cayeron en desgracia y fueron sepultadas en el foso de las ideas despreciables.

Gracias a esas ideas la Argentina había logrado trepar a la envidiada lista de los diez países más ricos del planeta. No fue un sendero fácil ni rectilíneo, porque hubo quiebres, retrocesos, abusos, injusticias y estafas. No estamos compuestos por santos ni nuestra historia institucional podía ser la de Estados Unidos, porque proveníamos de una cultura política que no entendía la democracia. Pero nos parecimos a los Estados Unidos más que cualquier otro país latinoamericano, y por eso nos fue bien.

El producto bruto *per capita* de la Argentina llegó a ser superior al de Francia y nuestros sueldos pudieron igualarse con los norteamericanos. La educación en los tres niveles apuntó a la excelencia y se consideraba un modelo a seguir. Mientras el resto de América latina continuaba chapoteando en el muladar de concepciones autoritarias, con encierros nacionalistas atrofiantes, el nuestro se convertía en un faro de prestigio mundial. Se llegaron a tender 44 mil kilómetros de líneas férreas, la red más extensa de todo el continente con la sola excepción de Estados Unidos; el primer tramo tuvo en cuenta el interior del país, pues era el que se construyó durante la gestión de Mitre entre las ciudades de Rosario y Córdoba. Nuestra producción de maíz superaba la de cualquier otro país del mundo y la Bolsa de Rosario fijaba su precio universal. En 1924 circulaban 214.000 automóviles en toda América del Sur, y de ese total un 58% correspondía a la Argentina, mientras el 42% restante se repartía entre las otras nueve naciones, incluido Brasil. De acuerdo con una estadística internacional de Ginebra la Argentina tenía la mayor actividad postal del planeta. El tiraje de un solo diario argentino, *La Nación*, superaba la suma de los tirajes de los principales diarios de los nueve países sudamericanos. ¡La nuestra era una posición asombrosa! También habíamos disminuido la mortalidad infantil a índices tan bajos que sólo nos superaba Holanda. Esto era debido, entre otras causas, al vasto suministro de agua potable. En la época del presidente Alvear (1922-1928) había tres maestros por cada militar mientras en el resto del continente la relación era inversa y hasta peor. El avance se producía en forma múltiple, con elevación incesante del nivel cultural, la formación de una espesa y laboriosa clase media, el despliegue de valores engarzados a la decencia, la emulación y la confianza. Con excepciones y manchas, por supuesto, porque se trataba de seres humanos.

El dorado camino que hizo florecer a la Argentina era liberal. *Liberal* en el sentido que aún rige en los Estados Unidos, es decir con impulso progresista, respetuoso de los derechos individuales, tolerante y pluralista, inclinado a la innovación, a la creatividad y abrazado a la ética. Pero si bien la economía de mercado fue eficaz para producir riquezas, no eliminó la pobreza ni el desempleo, no es un dechado de perfección. El mercado es bueno, pero no celestial.

Por eso en el primer tercio del siglo XX la palabra "liberal" se tornó odiosa, para decirlo en forma suave. Comenzó a olvidarse que gracias al liberalismo fuimos sacados de la última carreta latinoamericana y lanzados hacia la vanguardia del continente. Aún se respetaba la Constitución de 1853, inspirada en el pensamiento ultra liberal de Juan Bautista Alberdi, lector asiduo de Francis Bacon, John Locke, David Hume, Adam Smith y Alexis de Tocqueville. Pero para una creciente franja de argentinos la palabra "liberal" fue demonizada. Surgieron entonces generaciones que bebieron en forma sucesiva o simultánea pociones de nacionalismo, fascismo, comunismo, populismo y colectivismo de diversos grados, venerados como la auténtica "salvación" del país y de América latina. Curioso, ¿no?

Ya habíamos sido rescatados del aislamiento, la miseria y el analfabetismo a partir de 1853, pero no se lo tuvo en cuenta. Y se empezó a buscar en las corrientes mencionadas —que arrastraban huevos de áspid— algo diferente, que canceló el crecimiento que había funcionado hasta entonces. La imposición de esas ideas opuestas a la libertad y la diferenciación individual nos zamparon al embudo de una decadencia sin fin. Y la decadencia, con una impudicia digna de mejor causa, fue atribuida al liberalismo.

Ilustro con un ejemplo. Se repite que la actual crisis se debe al "neoliberalismo" de los años 90. Yo te pregunto: ¿hubo de veras un neoliberalismo o un liberalismo firme durante los años 90? El vituperado "modelo", ¿era realmente liberal? Por lo que yo sé, el gobierno de Carlos Menem fue peronista y el presidente Menem decía con razón que era el discípulo más destacado de Perón. El peronismo tiene cualidades y defectos en mayor o menor cuantía que otras expresiones políticas, pero no hay dudas de que sabe usar con artístico virtuosismo las técnicas populistas para ganar y mantenerse en el poder. En ese sentido no es difícil darse cuenta de que violaba sin cesar los principios cardinales y muy conocidos del liberalismo. Sí, los violó sin rodeos.

Fijate: corrompió la transparencia competitiva con privilegios sectoriales, la justicia independiente dejó de ser tal, el control recíproco de los tres poderes republicanos pasó a la historia, la contención fiscal fue cambiada por el desenfreno, la estabilidad jurídica era un tembladeral perpetuo y la cultura del trabajo una consigna para los incapaces de hacerse ricos robando. El famoso "modelo" no fue otra cosa que un gobierno populista al que se le agregaron muchas privatizaciones, la mayoría de las cuales permitieron una mejora en los servicios, aumentaron la actividad económica, dieron la sensación de riqueza, mantuvieron la estabilidad monetaria y pagaron una farándula sin control.

El populismo contamina los sistemas donde se infiltra y ofrece mucho bienestar para hoy, pero sin considerar las necesidades de mañana. Gran parte de los funcionarios, legisladores, gobernadores e intendentes que apoyaron y ensalzaron a Menem con obsecuencia son miembros del gobierno actual, que se jacta de navegar en sus antípodas, como si el pasado no hubiese existido. Por su genealogía el gobierno de Kirchner es mayoritariamente menemista (renegado). ¡Vaya desfachatez! Sonriente lector, no te pido que me contestes: nadie entiende.

El pensamiento liberal que predominó en la Argentina opulenta fue menos vigoroso y claro del que existía en Inglaterra o los Estados Unidos, por supuesto. Los vicios de la herencia absolutista-inquisitorial de la Colonia no podían ser barridos del todo y esperaban su resurrección (de hecho, han resucitado varias veces). Pero ese pensamiento, aunque débil, alcanzó para que el fabuloso recurso natural que teníamos —la pampa húmeda— nos convirtiese en la gran proveedora de granos y carnes que cimentó una caudalosa riqueza. Sin embargo, esa riqueza no hubiera sido posible con el mero recurso de la tierra. Aquí debo enfatizar mi crítica a un concepto equivocado.

En efecto, algunos historiadores y políticos afirman que no hubo la elección de un buen camino, que no existió ese mérito. Lo que ocurrió fue haber tenido la suerte de contar con una vastísima tierra fértil llamada pampa húmeda que permitió instaurar un pacto colonial agroexportador. La pampa feraz realizó el milagro, que se incrementó en forma acelerada al aparecer los frigoríficos. Pero yo no estoy de acuerdo. Nuestro crecimiento no se debió sólo a la pampa húmeda y al hecho de que nos hubiéramos convertido en el granero del planeta. Es un concepto simplista y antiguo: los recursos naturales no alcanzan para que una nación progrese. De hecho, en África existen países con inmensos recursos naturales que en poco y nada ayudan a paliar siquiera el hambre. Observá cómo le va al pueblo de Nigeria, asentado sobre un país que tiene de todo, y observá cómo le va a países como Japón e Israel, amplios desiertos que carecen del menor recurso natural.

Además, en la época de nuestro milagro existía otro granero del mundo, tan vasto como el nuestro y que jamás fue próspero. No te asombres. También era una tierra negra, bendecida por un clima templado, bastante plana y más cercana que la nuestra a los grandes centros compradores. Me refiero a Ucrania. Ucrania no fue opulenta, pese a contar con una pampa tan pródiga como la argentina, porque estuvo agobiada primero por la medieval opresión zarista y luego por las sangrientas utopías del comunismo.

El comunismo persiguió y asesinó a millones de campesinos, proletarios y minorías étnicas para forzar una absurda colectivización que produjo las peores hambrunas de la historia. En cambio, la Argentina tenía su Constitución liberal que no lograba eliminar todos los viejos vicios, es cierto, pero conseguía ponerles el debido límite. Esa Constitución fue la palanca del milagro.

En otras palabras, aquí hubo elección del camino a seguir, no sólo pampa húmeda. La elección del camino que nos permitió marchar en forma ascendente por espacio de siete décadas.

Era el buen camino que después abandonamos.

Es el buen camino que debemos recuperar.

Pulseada liberal-nacionalista

Uno de los yerros de nuestra historia fue la progresiva cerrazón nacionalista, que se convirtió en la rata que carcomió el pensamiento liberal atado al progreso social, político y económico. Los nacionalistas se amamantaron de ideologías nacidas en Prusia y en Francia, precursoras de las corrientes totalitarias que cancerizaron el mundo y lo arrojaron a la hoguera de apocalípticas catástrofes. J. J. Sebreli señala con elocuencia la oposición entre nacionalismo y liberalismo, que vale la pena tener presente.

Reproduzco sus palabras: "el liberalismo es individualista, el nacionalismo colectivista; el liberalismo se basa en la razón, el nacionalismo en la emoción; el liberalismo es laico, el nacionalismo es católico; el liberalismo intenta consolidar un sistema de partidos, el nacionalismo es movimientista; el liberalismo es pluralista, el nacionalismo cree en una doctrina única; el liberalismo se proyecta hacia el futuro y es modernista; el nacionalismo añora el pasado y es antimodernista; el liberalismo reivindica la cultura urbana, el nacionalismo la rural; el liberalismo es universalista; el nacionalismo es particularista; el liberalismo expresa el capitalismo; el nacionalismo prefiere cierto anticapitalismo romántico".

Esa oposición no fue visible para sus protagonistas, y no es del todo visible aún hoy. Gente que se suponía liberal caía en las seductoras pulsiones nacionalistas y muchos nacionalistas no abandonaban ciertos principios liberales. Pero los parientes pobres de las familias patricias hicieron catarsis al atribuir su bancarrota a la modernización, la inmigración y "las ideas importadas", es decir el liberalismo aperturista que empezó a predominar desde 1853. Lo autóctono fue reivindicado como el arma que nos defendía de los inmigrantes y de sus ideas anarquistas y socialistas. En la época del Centenario estallaron los primeros síntomas de la crisis que invadía al modelo liberal conservador. Pero aún no se diferenciaban las trincheras de unos y otros.

Te confieso, despabilado lector, que me costó un gran esfuerzo redactar los capítulos de mi novela *La matriz del infierno* dedicados a los conflictos que arrasaban a muchas familias de esa época. Padres y hermanos se enemistaban por razones políticas. Algunos se mantenían en el campo liberal y otros pasaban al nacionalismo católico. En la misma clase social se enfrentaban tendencias que cultivaban elementos de la opuesta. El sistema liberal empezó a ser degenerado por la invasión de ingredientes antiliberales cada vez más convincentes. Al principio no se revelaba la distancia que iba a marcar dos tipos de nacionalismos: el laico-liberal, frente al católico-antiliberal. Luego, en los años treinta, ya el nacionalismo católico, aristocrático, tradicionalista, jerárquico y de élite se acercaría al nacionalismo de masas, es decir, daría otro paso hacia el colectivismo. "El pasaje del modelo liberal conservador al modelo nacionalista católico y luego al nacional populista no fue un cambio violento, abrupto, sino que emergió en forma gradual e imperceptible en el propio interior de la república liberal. El nacionalismo antiliberal fue hijo, aunque bastardo, de las clases dirigentes liberales", concluye Sebreli.

No olvides, cordial lector, que el liberalismo, en cualquier latitud, puede ser conservador o progresista, con intensa sensibilidad social o con anestesia respecto de la necesidad de los desafortunados. Su núcleo duro reside en los derechos del individuo, que puede hacer lo que su deseo —asociado a la responsabilidad— le dicta. Por eso la ley tiene como función garantizar esos derechos e impedir que sean cercenados por el Estado, por los líderes con apetitos de control o por los vecinos. Para un liberal genuino ningún ser humano merece ser atado con más controles de los que necesita para vivir y realizarse a su antojo. Esta aspiración se ha damasquinado con la consolidación de la democracia y el discernimiento individual. No fue así en el pasado, ni durante la organización esclavista, ni feudal, ni teocrática, ni monárquica absolutista. Hoy sabemos que a la gente adulta de verdad no le hace falta la tutela de nadie, ni del Estado, ni del clero, ni de cualquier otro poder, cosa que aún sobrevive en la ancha porción del mundo que no alcanzó un alto nivel sociocultural. Karl Marx adhería a este criterio, porque —según él— llegará el día en que "los hombres se dedicarán al gobierno de las cosas y nunca más al gobierno de las personas". En otras palabras, Marx no quería el control de las personas, como ha sido la equivocada obsesión de sus discípulos totalitarios. En este sentido, era un liberal. ¿Te sorprende? Que no te sorprenda: la izquierda empezó siendo liberal porque ansiaba "liberar" al mundo de las cadenas que desde tiempos inmemoriales engrillaban sus articulaciones, su cerebro y su corazón.

Pero contra esta tendencia se han alzado diversas formas de la seducción colectivista, que también tiene su historia. No me refiero tan sólo a las expresiones extremas como el fascismo y el comunismo, amantes de las idealizadas "masas" donde la persona se diluye en el anonimato, sino también a posturas moderadas. Estas últimas pueden manifestarse con ciertos matices del nacionalismo, la socialdemocracia y algunas expresiones edulcoradas de demagogia populista. Acepto que el colectivismo suele tener buenas intenciones y lo motoriza el afán de corregir desigualdades lancinantes pero, tarde o temprano, resbala hacia la banquina de los controles y el cercenamiento de la propiedad. No obstante, sigue atrayendo como el instrumento colosal que ayuda a vencer la mezquindad del individuo y convoca a la epopeya.

El colectivismo —del que se alimenta buena parte del nacionalismo, como dije— encandiló a vastos sectores de izquierda y de derecha. La planificación era un recurso maravilloso al que apeló el sistema socialista-comunista, o nacional-socialista, o fascista, o nacionalista. Es apreciada como superior a la anarquía del mercado y la libre voluntad de cada hombre. Se creía que la planificación evitaba el caos, orientaba a los individuos e incrementaba el bienestar de los pueblos. Pero, desgraciadamente, termina en manos de políticos ignorantes, burócratas testarudos o sanguinarios conductores que, en la mayoría de los casos, arrojan sus amadas masas a la catástrofe.

De buenas intenciones
está pavimentado...

El alejamiento del buen camino, en consecuencia, fue impulsado por buenas intenciones, no lo dudes. Una de ellas, que inspiró la marea nacionalista, fue la Educación Patriótica. Fue un desvío de consecuencias importantes al curso imaginado por Sarmiento y Avellaneda en las décadas previas.

Reconozco que tuvo el mérito de fortalecer la nacionalidad argentina, integrar el aluvión inmigratorio, dotarnos de héroes y símbolos, aumentar el amor a la patria. Pero sus exageraciones y su fanatismo atrofiaron los principios pluralistas, creativos, abiertos, que eran los que de verdad motorizaban el progreso del país.

En las escuelas se impuso un ceremonial inspirado en el culto a los militares, al extremo de que la historia nacional se convirtió básicamente en una sucesión de batallas que los chicos debían memorizar con minucias olvidables. Lo militar pasó a constituirse en paradigma y la escuela se convirtió en una maqueta del cuartel prusiano: solemne jura de la bandera, marchas marcando el paso, uniforme, disciplina férrea, saludos diarios a los símbolos nacionales. El niño era hipnotizado por la pomposidad de los discursos y una teatralidad patriótica que le impedía desarrollar el pensamiento crítico. Enrique de Vedia dijo "¡Formemos con cada niño de edad escolar un idólatra fanático de la República Argentina!".

En los libros de lectura no se puso límites a la propaganda que, con el tiempo, se convertiría en la impúdica Doctrina Nacional que impartió con rienda firme el primer peronismo. El concepto de patria adquirió un tufillo totalitario y empezaba a mostrarse incompatible con la variedad de ideas, de orígenes, de culturas, que formaban nuestra realidad. La manipulación era evidente. Sin advertir las consecuencias, se fueron aproximando a las técnicas de la sugestión fascista y comunista que iban a diezmar el siglo. Planeaba sobre nuestras cabezas la tentación del pensamiento único.

La línea nacionalista-militarista del Consejo Nacional de Educación no fue, por suerte, homogénea. La resistieron hombres como el pedagogo Pablo Pizzurno, quien llegó a cometer la osadía de eliminar el celebrado libro *Patria* de Joaquín V. González con palabras dignas de un taladro: "Falta la nota moral-cívica… y cuando esta nota se da suena a hueco (…) o de carácter dogmático (…) y domina a menudo hasta ser exclusiva la nota militar, contribuyendo a la absurda idea de que es la espada el instrumento con que mejor se sirve a la patria".

La montante autoritaria alejó a muchos del tradicional afecto por la cultura universal. En cambio, nació una inesperada simpatía pro germánica inspirada en los marciales modelos educativos del Reich, que tendría enrevesadas consecuencias políticas y sociales.

También fue bienintencionada otra enorme equivocación: resignarnos a la pobreza, tal como había sido la tónica dominante durante la Colonia y la restauración rosista. Parecía una opción noble, casi evangélica. No te asombres, lector. Fue así. Y fue un error de cíclope. Fijate que la pobreza, nada menos que la pobreza de la que emergimos con inteligencia y esfuerzo a partir de la segunda mitad del siglo XIX, dejó de ser una maldición, dejó de ser algo que había que superar con énfasis, tal como proponía el espíritu de la Constitución liberal. En vez de sentirnos incómodos por su presencia y sus efectos, la comenzamos a amar como si fuese un estado beatífico merecedor de elogios.

También en esto nos apartamos del modelo anglosajón admirado por Tocqueville, Sarmiento y Alberdi, modelo desvelado por acceder a niveles cada vez más altos de producción y de realizaciones. Creció la moda de describir a los héroes como pobres que se hacían más pobres donando lo último que tenían. No importaba que hubieran sido trabajadores infatigables o generadores de riqueza, sino personas que no tuvieron para pagarse la vianda ni el sepulcro, y hasta gozaban de sus privaciones. La fantasía de poetas, biógrafos e historiadores se hipertrofió en este melancólico jardín. La miseria adquirió un timbre de honor y fue modelo de virtud; no era el estado lamentable que debía superarse cuanto antes. Lo grave fue que esta tendencia disminuyó la respetabilidad del que ganaba. Los que podían ganar siguieron ganando, por supuesto, pero ya no era meritorio ganar. El que ganaba comenzó a ser mirado con sospecha y resentimiento. Con esta tendencia dimos otro largo paso —esta vez cultural— fuera del buen camino.

No es de asombrarse pues que pronto, en lugar de alabar el éxito que corona el esfuerzo y la iniciativa, se admiró al fracasado que causa lástima. Y se multiplicaron las excusas para justificar su caída. El derrotado no era visto como alguien que debía hacer todo lo posible para cambiar el curso de su destino, alguien que debía recuperar cuanto antes sus fuerzas, su iniciativa y su ambición. No. Se lo dejaba como estaba.

Alejandro Rozitner escribe que "hay satisfacción en el no poder, aunque no lo parezca (…). Es una militancia narcisista la del fracaso y el dolor, la de la imposibilidad, la carencia, la marginalidad, el endiosamiento del caído y su desgracia. (…) Estrategia de frustración meritoria. Es un estado de gracia esa vida que se desperdicia, al punto de que, en muchos casos (no todos), se prefiera realizar el gesto de rechazo del camino mundano de la felicidad posible para volver a afirmar una vez más el valor profundo de la frustración y de la pobreza. (…) El fracaso es un modo de vida virtuoso, que paga por medio de una poética de la desazón, del nihilismo, del escepticismo, del supuesto atrevimiento de ver una verdad nefasta, cuando esa verdad no es más que un maquillaje de la impotencia elegida como camino al cielo".

Fue reactivada la clemencia de la limosna pública, clemencia limitada a distribuir pescado, no cañas de pescar. La limosna se convirtió más adelante en los cargos que ofrece el Estado con fines políticos. Claro que no se trataba de una ayuda social adecuada, no, porque no estimulaba la iniciativa del ciudadano; y extendía la peste del voto cautivo. Tampoco era beneficioso para el Estado, que empezó a volverse un proboscidio con gente supernumeraria a la que la inventiva popular bautizó con la palabra "ñoqui".

Nos invadió la cultura de la dádiva. Pobreza y dádiva son compañeras de ruta.

Es una cultura, sí. Es un monstruo.

Subsidios, regalos, favores, prebendas, canonjías, influencias, excepciones, blanqueos. Entre otras cosas sedimentó la certeza de que es mejor conchabarse a un sueldo estatal seguro, aunque magro, que arriesgarse a emprendimientos de vuelo. El cargo público pasó a convertirse en una cómoda, legitimada y envidiada limosna, el célebre "favor" que los políticos reparten a familiares, amigos y partidarios, de la misma manera que siglos antes lo hacía el señor feudal.

La distribución caudalosa de pescado y no de cañas se incrementó hasta la bullanguera fiesta del primer peronismo, con ríos de sidra, toneladas de pan dulce y otros obsequios que provenían de los fondos fiscales (pagados por el sector productivo, cada vez menos productivo). Siempre con buenas intenciones, con sensibilidad social... No se advirtió que se corrompía a la gente y se la empujaba hacia la irreparable indignidad del mendigo.

La restauración de todos esos ingredientes coloniales —antipluralismo, dádiva, pereza, adherencia al cargo público—, afectó nuestros valores morales y la cosmovisión del progreso que nos habían motorizado durante siete décadas. El respeto a la propiedad, por ejemplo, que Alberdi consideró fundamental, se agrietó de forma acelerada. La propiedad pasó a ser la variable de ajuste para sostener gobiernos, burocracia, planes demagógicos, ambiciones delirantes o administraciones incompetentes. Las medidas adoptadas en contra de la propiedad en nuestro país, desde que abandonamos el buen camino, integran una sombría lista: congelamiento de alquileres, retenciones, confiscación de depósitos, devaluaciones, impuestos por una sola vez que se quedan para siempre, expropiaciones, ahorro forzoso, corralón, corralito. Todo con la mejor intención, claro... Como en el infierno, insisto. Pero cada una de esas bienintencionadas decisiones provocó sustos y un perpetuo desaliento a la inversión. La propiedad de los ciudadanos dejó de ser algo que se respeta y se convirtió en la primera víctima de la rapiña fiscal y partidaria.

Otra forma de violar la propiedad fue demostrada hace poco por una desopilante iniciativa que aprobó el Senado y que, con las mejores intenciones sociales (siempre las buenas intenciones sociales), ordenaba que las empresas concesionarias (electricidad, gas, teléfono, etc.) debían continuar brindando sus servicios aunque el consumidor no los pagase. En otras palabras, se les exigía otorgar servicios gratis. Me gusta que los legisladores se ocupen de los carenciados, pero más me gustaría si lo hiciesen con responsabilidad e inteligencia. ¿No se les pasó por la cabeza que hacían limosna con el bolsillo ajeno? ¿Que esa excepción podía ser aprovechada por muchos piolas que sí están en condiciones de pagar y querrían aprovechar la volada? ¿No han advertido que vulneran derechos de quienes han invertido para producir? Con el mismo criterio podrían ordenar a los supermercados que entreguen alimentos gratis a quienes aduzcan su incapacidad de pagar. El supermercadista pondría el grito en el cielo y traería las facturas para demostrar que esa mercadería no le fue regalada y que, además, debía hacerse cargo de las expensas del edificio y los sueldos de sus empleados. También los legisladores podrían exigir que los hoteles de cualquier número de estrellas deben alojar gratis a los que duermen en las calles. Sería maravilloso. Pero los problemas sociales no se resuelven con esas exigencias arbitrarias, menos aún si con estas medidas se violan contratos y marcos regulatorios preexistentes. Si las carencias sociales tienen prioridad (yo creo que sí), entonces deben solucionarse con las políticas de crecimiento que pregono desde el inicio de esta obra. En cuanto a las urgencias, corresponde atenderlas con partidas presupuestarias que subsidien a las familias sin recurso. Para eso están los planes sociales, ¿no? Los planes sociales se alimentan con los impuestos que tributan los supermercados, los hoteles y las empresas concesionarias. Agredirlas con órdenes propias de legisladores ebrios o ignorantes no ayudará a que disminuya la indigencia, porque esas órdenes desalientan la inversión y destruyen la infraestructura de servicios.

También con buenas intenciones el mismo Estado creyó que su tarea era la de Robin Hood: quitarle a los ricos y regalarle a los pobres. No está mal esa bella y heroica función, siempre y cuando permita que la riqueza se siga reproduciendo. Caso contrario —es casi inevitable—, llega el momento en que Robin Hood no tiene para regalar otra cosa que la pluma de su bonete.

Lo que es de todos no es de nadie

Se debe garantizar la propiedad o la libertad no será posible.

JOHN ADAMS

¿Por qué titulo este capítulo con la frase "lo que es de todos no es de nadie"? Porque es una luz roja que debe abrirnos los ojos si de veras queremos la recuperación argentina. La escribió Aristóteles hace 2.400 años y sigue teniendo vigencia, en especial en los países pobres. Es la más antigua y quizás más sabia crítica en contra de los ruines beneficios que ofrece el igualitarismo tramposo.

En efecto, ¿qué sucede, mi perseverante lector, cuando algo no es de nadie? ¿Suponés que se lo cuida? ¿Se lo aprecia? ¿Se lo respeta? ¿O más bien sucede lo contrario? Me parece que lo contrario, ¿verdad? Se lo desdeña. Se lo depreda. La depredación aumenta, precisamente, donde los objetos no son vigilados, ni atendidos, ni amados.

El espíritu depredatorio que atormenta a nuestro país como un viento cargado de arenisca no es un problema menor. Fijate que un estudio sobre el vandalismo que ataca los espacios públicos de la ciudad de Buenos Aires —considerados tierra de nadie— pone los pelos de punta. El pormenorizado informe fue publicado en septiembre de 2004 y señalaba que cada mes son arrancadas 600 tapas de sumideros y destruidas 300 de sus rejas. Se rompen 80 lámparas del alumbrado público. Son robados un promedio de 200 semáforos peatonales. Tampoco se salvan los monumentos, a los que se les quita un promedio de 90 placas por mes.

Ese estudio realizó el cálculo de lo que se podría adquirir con el dinero que se gastaba en reparar la variopinta expoliación. Vale la pena tenerlo en cuenta y no me resisto a contártelo. Los millones de pesos que se pierden por esa conducta antisocial alcanzarían para comprar 73 ambulancias equipadas o 100 ecógrafos modernos. Es el presupuesto para que el Hospital Garrahan funcione a pleno durante veintiún días. También se podrían construir 4 centros de salud totalmente equipados. Ese monto alcanza para que coman por día ¡un millón de familias de siete miembros cada una! ¿Tienen conciencia esos alegres depredadores sobre el daño que le hacen a la sociedad? ¿A ellos mismos? ¿No valdría la pena difundir mejor estos datos, con fines educativos, en lugar de dilapidar tantos millares en la impúdica propaganda oficial?

Agreguemos la saña que se ejerce contra los refugios donde se espera a los colectivos, la sistemática destrucción de los juegos para niños, el robo de rejas y portones de parques y plazas, la rotura de bancos, la destrucción de puentes, la sustracción de los cestos de desperdicios. Sólo en lo que iba del año 2004 se detectaron ciento treinta y nueve toneladas de rieles robados. Añadamos la agresión contra la propiedad ajena, en especial de las grandes empresas, consideradas "enemigas del pueblo" por ideologías infanto-anacrónicas que hasta un país comunista como China ha expulsado al desván de las antigüedades. La lista sería inmensa y me limito a dos ejemplos. En Telecom estiman que cada tres minutos alguien rompe un teléfono público. Telefónica extendió el cálculo a todo el país y llegó a la conclusión asombrosa de que se destruyen ¡dos mil teléfonos públicos por día! Por Dios, ¡cuánta energía destinada a hacernos daño a nosotros mismos!

Como secuela del hábito depredatorio contra los espacios públicos, los monumentos nacionales y las bellezas naturales, también depredamos a las personas. Y lo hacemos desde hace mucho y de diversas maneras. En *Un país de novela* dedico varias páginas a describir nuestro desprecio por el otro.

La depredación contra nosotros mismos se nota en el carácter que últimamente adquirieron las protestas. No se conforman con manifestarse, sino que buscan convertir esa manifestación en un tormento para los demás argentinos. No me refiero sólo a las huelgas, los paros generales y el corte de servicios públicos esenciales, sino a la intención de generar sufrimiento social. Refleja desdén por el prójimo. El prójimo es usado para que rinda beneficios a la causa de un grupo, por reducido que sea. Así la mortificación hace más ruido, consigue mayor impacto, tiene más resonancia. Los cortes de ruta se volvieron un instrumento que, lejos de ser excepcional o de última instancia, pasaron a convertirse en un inconveniente diario. No se conforman con llamar la atención de la prensa o de las autoridades, sino que pretenden provocar una intensa conmoción: gente que no puede llegar al trabajo, insumos o mercaderías que no logran ser entregadas, instituciones que ven bloqueado su funcionamiento, empleados que no pueden regresar a sus hogares tras una jornada de trabajo, desaliento a la productividad y la inversión. Sólo falta que los acomodadores de los cines se pongan capucha, blandan palos y bloqueen el tránsito para exigir un aumento de las propinas. Todo es posible cuando las calles son de nadie.

Hacia finales de la década de los 80, cuando el gas aún pertenecía al Estado, iba a producirse una huelga que incluía el corte de ese suministro esencial durante el invierno. Los trabajadores no tenían en cuenta que eran servidores del Estado y de la sociedad y que no tenían derecho a hacer uso del gas como si fuese su propiedad privada. Pero como el gas era de todos, no era de nadie... En consecuencia, se podía hacer lo que a los dirigentes les parecía más efectivo para su causa. Tampoco les importaba el daño que iban a infligir no sólo a la economía del país, sino a millones de hombres, mujeres y niños concretos. Era la depredación. La depredación más insensible y más hipócrita, porque sucedía para beneficiar a unos... a costa de otros, de la inmensa mayoría.

¿Cómo enfrentan este problema los países exitosos?

Además de reducir la anomia (y la consiguiente tentación por el delito depredatorio) mediante sanciones que nunca se perdonan, restringen los bienes en común. La Revolución Gloriosa de Inglaterra incentivó los llamados *enclosures* (los "cercados"), es decir la propiedad privada, porque garantizaba el futuro. Así de simple y categórico. Y así lo entendió Juan Bautista Alberdi. Donde no hay propiedad privada desaparece el estímulo al crecimiento y se desata la depredación, como eran nuestras tierras antes de la organización nacional y como lo volvieron a ser cuando abandonamos el buen camino. Con la propiedad privada, en cambio, se desarrolla el compromiso y la responsabilidad, brota el amor a lo que se tiene, se exige que el vecino respete lo nuestro y se aprende a respetar lo que pertenece al vecino.

Tanto nos alejamos del clima progresista de 1853 que hasta incorporamos un granítico prejuicio en contra de la propiedad. Te pido que reflexiones un instante sobre lo siguiente: ¿acostumbramos a elogiar la propiedad? ¿O la asociamos con el robo, como lo hacía el desprestigiado socialista utópico Pierre-Joseph Proudhon? Seamos francos: defender la propiedad en la Argentina suena a defender la explotación y la injusticia.

¿Exagero? Por favor, recordá lo que pasó cuando el gobierno disparó los misiles del "corralón" y el "corralito". No aullamos que el Estado violaba nuestra propiedad privada, sino que nos metía la mano en el bolsillo. Era más fácil hablar del bolsillo que de la propiedad. Porque "propiedad" también se convirtió para los argentinos en una mala palabra. No nos damos cuenta de que, de esa forma, ¡nos comportamos como los ingleses antes de 1688!

Entre los nómades, que viven de la caza y de la pesca, es irrelevante la propiedad privada. ¿Hemos vuelto a la mentalidad de los nómades? Bueno, quienes andan rompiendo paradas de ómnibus, bancos de plaza, juegos infantiles y violan monumentos con sus ridículas pintadas no me parecen actuar mejor que las hordas primitivas. Se han alejado de las conquistas de la cultura para sumergirse en el pantano de una temible regresión.

¿Sabías que cuando Sarmiento volvió de los Estados Unidos traía muchas ideas, pero dos lo obsesionaban en especial? Una era la educación y otra convertir a cada argentino en un propietario. La primera marchó bien pese a la resistencia de quienes temen el cambio; basta como muestra la increíble decisión del obispo de Córdoba, quien prohibió a las niñas educarse con las maestras "protestantes y extranjeras" que venían de Estados Unidos.

El otro proyecto se refería a la cesión de tierra para quien la trabajase. La oposición de los latifundistas impidió llevarla a la práctica. Sarmiento narraba que en los Estados Unidos cada familia, por pobre que fuese, era dueña de una heredad que cuidaba con esmero. La sociedad premiaba a quien más y mejor trabajaba, no los que más tenían por títulos o influencias. Los méritos se cuantificaban por la honestidad, el esfuerzo y la iniciativa. El amor hacia lo de uno tenía un efecto social benéfico, porque aumentaba el respeto a la propiedad de los demás. Todo tenía dueño, excepto lo estructural, a cargo de los poderes del Estado. No era un individualismo que destruye, sino el individualismo del hombre responsable que cuida lo propio como corresponde a los seres maduros. Él soñaba con transformar a los argentinos en propietarios, pero no lo consiguió. En el poema que le dedica Borges termina con este verso: "Sarmiento el soñador sigue soñándonos". Sigue soñando con lo que no pudo concretar y nos dejó como tarea.

La devoción por la justicia y la solidaridad han despertado desde antiguo el anhelo de la igualdad. Pero igualdad no significa que todo sea de todos, porque entonces nadie es dueño de nada. Además, una cosa es la igualdad para abajo, que equivale a miseria para todos, otra es la igualdad de oportunidades, con leyes que estimulan el ascenso. Las políticas voluntaristas que pretenden mejorar la condición de los ciudadanos mediante agresiones a la propiedad están cargadas de teorías infanto-delirantes que terminan por damnificar a quienes se pretende llenar de beneficios. Esas políticas voluntaristas no reconocen la infinita complejidad de las sociedades y el flujo maravilloso de iniciativas, problemas y soluciones que los seres humanos somos capaces de tejer.

La libertad del hombre —cantada por esos voluntaristas, pero negada y atormentada cuando llegan al poder— es la que genera mejoras. Esas mejoras avanzan más rápido cuando son estables los derechos de la propiedad privada, tan denostados por quienes los convirtieron en la raíz de los males. Esos derechos son indispensables; su cuestionamiento o distorsión, en cambio, producen miseria y hasta catástrofes, como sucedió en la Unión Soviética de Stalin y la China de Mao. Las cosas no mejoran porque haya más planificación estatal, por inteligentes que sean sus diseñadores. Tampoco mejoran por la sola abundancia de recursos naturales, como demostramos más arriba. Todo depende. Son los esfuerzos ímprobos que realizan las individualidades responsables en un marco jurídico estable y abierto los que estimulan el crecimiento. No hay otra forma mejor.

Veámoslo desde un ángulo distinto: el respeto al prójimo. Opino que ese respeto es socavado cuando se impide que cada uno organice su propia vida como mejor le parece, cuando se estimula a vivir con el fruto del trabajo ajeno, cuando se imponen coerciones tributarias para servir al clientelismo político, cuando se congelan los alquileres, cuando se privilegia a un ciudadano o a un sector en perjuicio de otros, cuando se quiere dirigir la economía como si fuese un caballo al que se maneja tirando de las riendas, con absoluto desprecio por su inteligencia y su deseo.

Al escuchar que la teoría del derrame es falsa, debemos preguntarnos por qué es mejor ser obrero en España que en

Zimbawe (y eso que Zimbawe tiene las mejores tierras del mundo). Preguntate eso, mi crítico lector, preguntate una y otra vez sobre ese ejemplo. Reflexioná con coraje, hacé una serena evaluación. ¿Por qué es mejor ser miembro de una sociedad democrática, capitalista, con seguridad jurídica, que miembro de una sociedad autoritaria, donde el capitalismo está desprestigiado y la seguridad jurídica no pasa de la ficción?

En una de mis presentaciones públicas una mujer me disparó una pregunta tan sorprendente que me dejó mudo: "¿A qué se debe —dijo en forma apodíctica— que el capitalismo produce tanta pobreza?".

Yo supuse que había escuchado mal, pero no fue así, porque ella volvió a lanzar la misma pregunta con otras palabras. Estaba convencida de que el sistema capitalista hunde a la sociedad en la miseria. Le ofrecí entonces dos contestaciones. La primera fue solicitarle que me diese un solo ejemplo, tan sólo uno, de un país próspero que no sea capitalista.

Aguardé que lo buscase en el mapa y, como no logró encontrarlo, entonces le brindé mi segunda respuesta contándole la opinión de Marx y Engels sobre el capitalismo, quienes en su explosivo *Manifiesto Comunista* (1848) desplegaron el más desaforado elogio que jamás se hubiera escrito sobre la capacidad formidable de generar bienes que caracteriza a este sistema. ¿Lo recuerdas, mi culto lector? Marx y Engels no podían imaginar el desarrollo actual, ni la metamorfosis del proletariado, ni los beneficios sociales que obtendrían las masas en los países decididamente capitalistas. Pero sí tuvieron la honestidad intelectual de reconocer la potencia enriquecedora sin paralelo del capitalismo. "Con apenas un siglo de existencia —dicen en forma textual— ha creado fuerzas productivas más abundantes y más grandiosas que todas las generaciones pasadas juntas. El sometimiento de las fuerzas de la naturaleza, el empleo de las máquinas, la aplicación de la química a la industria y a la agricultura, la navegación de vapor, el ferrocarril, el telégrafo eléctrico, la adaptación para el cultivo de continentes enteros, la apertura de los ríos a la navegación, poblaciones enteras surgiendo por encanto, como si salieran de la tierra. ¿Cuál de los siglos pasados pudo sospechar que semejantes fuerzas productivas dormitasen en el seno del trabajo social?"

La maligna propiedad

Mi fiscalizante lector, vuelvo sobre el tema, que juzgo cardinal. Insisto en que no vamos a poder crecer si no quebramos un gerontológico prejuicio contra la propiedad privada. Parece un tema secundario, pero no lo es. La propiedad privada produce ronchas y prevención en los países atrasados: en América latina, en África, en Asia. La hostilidad hacia ella ha traído muchos inconvenientes y ha puesto una enorme roca en el camino del bienestar. Entre otras desgracias, nos dificulta llegar al capitalismo moderno, dinámico y creador, ese capitalismo descrito por Marx y que ahora hace opulentos a muchos países. La Argentina no es capitalista aún porque en la sangre de políticos, funcionarios, intelectuales y comunicadores late un salvaje deseo por infligir a la propiedad algún tipo de herida: recortarla, rapiñarla, redistribuirla o corromperla, "para bien de todos"... Miles de leyes se han firmado y miles esperan su sanción, hoy y mañana, a costa de la propiedad, para "beneficio de la gente", sin tener conciencia del mal que a la postre se le hace a la gente.

Por supuesto que un prejuicio tan arraigado no viene de ayer ni de anteayer, ni es producto exclusivo de la Argentina. Enraíza en un error viejo y repetido hasta el hartazgo. Yo también he caído en él, porque fascina como el truco de un mago. Sí, es una ilusión que embriaga. ¿No se ha dicho que quien no es comunista en la adolescencia no tiene corazón? ¿Y que el que sigue siendo comunista en su madurez no tiene cabeza? Cuando joven a uno lo arrasa el altruismo y no le importa un rábano la propiedad; en cambio, es seducido por la falacia de que su eliminación traerá paz, igualdad, armonía y opulencia. Cuando adulto se entiende que por ahí no vendrá la paz ni la abundancia ni la alegría del género humano, sino servidumbre y atraso, como lo demuestran incontables experiencias que ya no se pueden ocultar. Tenemos pues la obligación de corregir un equívoco tan hermoso como siniestro.

¿Te solazaría un breve viaje por la historia de ese error universal convertido en uno de los prejuicios más difíciles de destruir? Es una historia llena de perlas.

En la antigua China el filósofo moral Mo-tsu predicó un comunismo asociado al amor. Amor y ausencia de propiedad eran las columnas de su sistema político, social y ético. Sus frases calaron tan hondo que tiempo después se realizaron esfuerzos para llevarlas a la realidad mediante el recorte de bienes. El emperador Shen Tsung se proclamó protector del desvalido y decretó que la agricultura, el comercio y la industria debían pertenecer al Estado, "para acudir en auxilio de los pobres". Los precios debían ser fijados por la autoridades. Pero años más tarde esas leyes fracasaron y fueron anuladas.

Lejos de allí, en Persia, un contemporáneo de Zaratustra, llamado Mazdak, insistió en la natural igualdad de los hombres y condenó los desniveles generados por el matrimonio y la propiedad; denunció ambas instituciones como "opuestas a los deseos del cielo". Sus palabras conmovieron el corazón del rey Kowad, quien decidió ponerlas en práctica. Pero las nuevas medidas provocaron sublevaciones que lo hicieron cambiar de rumbo. Los discípulos de Mazdak, antes amados, fueron perseguidos y asesinados sin clemencia.

El aporte más robusto a la justicia social —que se interpretó erróneamente como un ataque a la propiedad— brotó en la Israel bíblica. Los inicios de ese pueblo tuvieron características comunistas, como sucede entre los nómades. Jeremías exaltó esa igualdad lejana como "el tiempo de noviazgo entre Dios e Israel". Pero el desarrollo de la agricultura, el artesanado y el comercio generaron la inevitable diferenciación entre pobres y ricos. La concentración de la riqueza fue acompañada por crecientes injusticias, que empezaron a ser denunciadas por figuras potentes de inédita originalidad, llamadas profetas, quienes exhortaron a corregirlas. En el año 765 A.C. irrumpió Amós, uno de los más elocuentes impulsores del cambio; fue al santuario de Bethel en la fiesta de otoño y maldijo a los ricos: "Meten la cabeza de los pobres en el barro". Criticó la vida suntuosa: "haraganean en sus divanes y sobre el damasco de sus lechos; oprimen a los desvalidos y quebrantan a los necesitados".

En tono similar se expresaron Oseas, Isaías y los demás profetas. Quebraron lanzas contra los jueces corruptos, "aquellos que promulgan leyes injustas y dictan indebidos suplicios, que ignoran a los humildes y roban a los míseros, que se aprovechan de las viudas y despojan a los huérfanos". La equidad era el objetivo de sus mensajes, en los que empezó a vibrar el anuncio de los tiempos mesiánicos donde no habrá guerra ni opresión.

El pequeño pueblo de Israel no era refractario a estos mensajes llenos de fuego. Por el contrario, desde tiempos remotos sus oraciones insistían en la consideración que se debía tener con los extranjeros y los sufrientes, "porque esclavo fuiste en la tierra de Egipto". Ya en los textos atribuidos a Moisés se había ordenado la protección de los pobres, las viudas, los huérfanos y los extranjeros; también la liberación de los esclavos por deudas y el pago puntual de los salarios. Idéntica función cumplía el séptimo año: se debía dejar la tierra en barbecho y cederla libremente a los que no tenían propiedades. Y cada siete veces siete años (49 años) se condonaban las deudas y se devolvían a sus dueños originales las tierras enajenadas; era el radiante *jubileo* (del cual deriva júbilo y jubilación).

Ahora bien: las críticas contra las inequidades pretendían su enmienda, no la abolición de la propiedad, como lo interpretaron algunas corrientes posteriores. Ahí empezó un desvío de consecuencias inmedibles. En realidad se condenaba el egoísmo y el abuso mientras se exaltaba con vigor la fraternidad. "Bienaventurado el hombre que da de comer a los pobres" dice el libro de los Proverbios. Era mal visto el dueño de un patrimonio cuando actuaba con indiferencia y tacañería, no por tener un patrimonio.

Dos siglos antes de Cristo se constituyeron sectas inspiradas en la interpretación extremista de estos mensajes; es decir, comprometidas a eliminar por completo la propiedad. Una de ellas, los esenios, cobró mucha relevancia. Estableció la comunidad de bienes y el ascetismo. Se insiste que Juan el Bautista perteneció a este grupo.

Propiedad y cristianismo

Jesús criticó a los ricos en los mismos términos que lo habían hecho los profetas. Tampoco condenó la propiedad, sino las inequidades, pero muchos entendieron sus palabras en un sentido radical. Tras la Crucifixión, sus discípulos practicaron la comunidad de bienes como lo habían hecho desde el principio, cuando acompañaban al Maestro por las ciudades y aldeas de Israel como un grupo nómada y, por lo tanto, incapacitado de cuidar una heredad fija. *Hechos de los Apóstoles* informa que después de la Crucifixión "los fieles tenían todo en común: vendían sus propiedades y pertenencias y las distribuían según lo que cada cual necesitase". La carta de Bernabé aparecida un siglo después señala que "tienes que demostrar en todos los aspectos comunidad con el prójimo y no hablar de propiedad; si sois compañeros en lo incorruptible, mucho más debéis serlo con respecto a lo que es corruptible".

Pero ese comunismo piadoso no lograba mantenerse sólo de donaciones y limosnas. De manera que hubo que introducir cambios: el primero fue limitarse a compartir sólo los excedentes, no la propiedad misma de los bienes. Dichos excedentes eran depositados en una caja común, de la que los sacerdotes extraían lo preciso para atender a los necesitados.

El prejuicio contra la propiedad ya se había instalado y algunos reflexionaban en forma simple e irrefutable: "si todos somos hijos de Dios y hermanos en Cristo, la desigualdad no tiene justificativo".

Los doctores de la Iglesia no podían sino repetir y amplificar las indicaciones del Evangelio, pero debían esforzarse para esclarecer que la propiedad no tenía que desaparecer: ese mandato no existía en las Escrituras. Se generó entonces una tensión entre la prédica ingenua y la realidad. Fueron lanzadas frases de impacto que aumentaban la confusión. Clemente de Alejandría (c. 150-215) llamó "una injusticia" a la propiedad privada. Tertuliano (c. 160-220) sentenció que "Dios es menospreciador de los ricos" y Jesús es "el abogado de los pobres". Jerónimo (345-419) opinó que el rico es "por sí mismo injusto". Ambrosio (340-397) aclaró que "la naturaleza brinda sus bienes conjuntamente a todos los hombres. Dios ha creado las cosas para que su disfrute sea común y para que la tierra sea una propiedad comunitaria". Inclusive Agustín (354-430) tuvo accesos maximalistas: "todo aquel que posee en la tierra, se ha apartado de la doctrina de Jesús".

Era un rosario de bombas.

Seguro que ahora me preguntás: ¿Qué pasó entonces?

Hubo que resignarse a que la aspiración evangélica ideal sólo funcionara en los conventos. Por eso la base económica de los primeros conventos fueron las donaciones, las limosnas y el propio trabajo de los monjes, como en tiempo de los esenios y los primeros cristianos. Pero, sin haberlo previsto ni deseado, en algunos siglos irrumpió una consecuencia paradójica: los monasterios se convirtieron en productores de riqueza. Esto llevó a que príncipes y obispos se afanasen por incluirlos en sus jurisdicciones. En los monasterios se agregó el celibato con el fin de mantener la unidad del grupo e impedir la dispersión de las herencias. El superávit se aplicó cada vez menos a la ayuda social y fue derivado a la ampliación de los campos, el confort de las viviendas y la expansión de las bibliotecas. Llegó el momento en que se partió de un hachazo el manojo de principios originales al aceptarse la incorporación de personal ajeno a la disciplina para que se ocupase de las tareas más arduas. Fue una redonda traición al deseo de abolir la propiedad que Karl Kautzky denunció en estos términos: "de ser cooperativas de producción, los conventos pasaron a ser unidades de explotación", con jerarquías y desigualdades muy irritantes.

Como ves, lector, pese a la urgencia de sus verdugos, la propiedad siguió gozando de buena salud.

Esto ocurría en medio de la pobreza que corroía al sistema medieval e indujo la constitución de órdenes diferentes, llamadas "mendicantes". Una de ellas fue fundada por Francisco de Asís (1182-1226), quien pertenecía a una familia de mercaderes y, como otro Sidartha Gautama (de quien seguro no tenía noticias), vendió su patrimonio, distribuyó el importe entre los desheredados, produjo fascinación entre quienes se le acercaban y organizó una Orden que desafió a la Iglesia enriquecida. La jerarquía eclesiástica, tras los forcejeos iniciales, entendió que no convenía hacerle una oposición abierta y aprobó la iniciativa del carismático asceta, aunque al precio de limitar su importancia. Francisco creía que con el voto de pobreza alcanzaba para no caer en el defecto de la explotación conventual. Pero se equivocó. Sus acciones de ejemplar bondad provocaron lo inesperado: un gran aflujo de donaciones, más de lo que necesitaban. El papa Inocencio IV (1243-1254), advertido de la situación, decidió cambiar la regla de la Orden para que no tuviese propiedad alguna, sino sólo bienes de usufructo; la propiedad legal de los franciscanos recaía en el Sumo Pontífice.

Esta movida siguió así: una parte de la Orden asumió la representación de los desheredados, como había querido su fundador. Sin embargo, el Papa Juan XXII (1316-1334) los consideró peligrosos e indicó a la Inquisición que los persiguiera. El resultado fue una emigración masiva hacia el norte de Italia y el sur de Francia, donde fundaron movimientos comunistas heréticos que terminaron ahogándose en baños de sangre. Otra parte de la Orden se mantuvo dentro de los cánones ordenados por las autoridades y sobrevivió.

El afán por abolir la propiedad, no obstante, prosiguió firme. Ya era un prejuicio imposible de levantar. Unos treinta años antes que Francisco de Asís, había nacido el abad calabrés Joaquín de Fiore (1130-1202). Hombre febril y temerario, anunció la llegada del Tercer Reino —o del Espíritu Santo— en el que imperaría la libertad, la igualdad y la felicidad. Especuló que ya se habían dado los dos primeros reinos: el del Temor (Padre: Antiguo Testamento) y el de la Gracia (Hijo: Nuevo Testamento). Venía entonces el Tercero, en el que todos los cristianos llevarían la existencia de los monjes, sin las cadenas de la propiedad (¡siempre la culpable propiedad!). El mundo viviría libre de dueños y hasta el propio Jesús se integraría a esta feliz *societas amicorum.*

La arrebatada palabra de Joaquín de Fiore tuvo influencia en casi todos los movimientos heréticos de la Edad Media hasta llegar a Jan Huss (1372-1415) y el incendiario Thomas Münzer (1490-1525). Los albigenses y los baptistas también le deben su inspiración.

El caos recién empezaba.

En el ojo del huracán

La propiedad privada fue combatida en el sur de Francia por los valdenses. Un comerciante de Lyon llamado Pedro Valdo (1140-1216) repartió su patrimonio entre los excluidos y formó huestes que practicaban la pobreza y se dedicaban por entero a los carenciados. Como otras sectas en boga, los valdenses tenían dos niveles: el de los individuos santos que practicaban el celibato y la comunidad de bienes, y el de los que gozaban de permiso para casarse y tener alguna propiedad. La Iglesia sintió su amenaza y decretó una guerra de exterminio, que duró decenios. Los sobrevivientes buscaron refugio en las montañas y llegaron tan lejos como Italia y Bohemia. Sembraron un clima de revolución.

Otro alzamiento armado de envergadura, que aspiraba a terminar con la propiedad privada fue protagonizado por los "patarinos" o "hermanos apostólicos" acaudillados por Gerardo Segarelli (m. 1300). También propiciaban la comunidad de bienes y rechazaban el matrimonio. Pero añadían una pintoresca exigencia: cada hombre debía tener "una hermana" espiritual. ¿Por qué? Porque los apóstoles habían sido acompañados por María Magdalena. Negaban que mantuviesen un vínculo impuro, pese a que algunos "iban con ellas a la cama" —aseguró después Mosheim en su *Imparcial historia de los herejes*—. Los patarinos al principio convivieron en paz con las órdenes oficiales de la Iglesia y no fueron molestados, al revés de lo sucedido a los valdenses. Pero en 1286 ya habían crecido tanto que el Papa los prohibió y ordenó que su jefe fuera expulsado de la ciudad de Parma. Se manifestó en rebeldía y no tardó en ser capturado. Poco después lo quemaron vivo tras un juicio sumarísimo. Segarelli fue reemplazado por un líder más incendiario aún llamado Dolcino (que nada tenía de dulce). Organizó un ejército de campesinos que, afiebrados por las teorías de Joaquín de Fiore, deseaban el pronto final del segundo Reino, el del Hijo, que había degenerado, para dar lugar al Tercero, el del Espíritu Santo, paradisíaco y definitivo.

Un equivalente de estos movimientos turbulentos explotó en el norte de Europa: Flandes y Brabante. Allí se había alcanzado un gran florecimiento económico gracias al perfeccionamiento de las fuerzas productivas, las finanzas y el comercio. Pero también aumentó la sensación de injusticias y despojos. Se formaron entonces organizaciones comunistas de artesanos y tejedores llamados "begardos", decididos a imponer un cambio radical. Al mismo tiempo, su pasión los había convertido en una competencia para los maestros tejedores; las autoridades no fueron insensibles a las demandas de las corporaciones que amparaban a estos maestros. El conflicto penetró como vendaval en el Concilio de Beziérs, donde se los acusó de "quilianismo" o "milenarismo" (las etiquetas siempre funcionan). La consecuencia fue poner en marcha una represión despiadada. Algunos begardos buscaron refugio en la orden franciscana, otros se unieron a los agónicos valdenses y un tercer grupo cruzó el Canal de la Mancha.

El influjo de estos tejedores flamencos generó en Inglaterra a los aullantes "lolardos", compuestos por pobres, mendigos y hambrientos que paraban las orejas y hacían eco a las fogosas diatribas contra los ricos y los nobles. Galopó por valles y colinas una canción imbatible: "Cuando Adán araba y Eva tejía,/ ¿dónde estaba entonces el noble cruel?". La subversión prendió como heno seco. El impetuoso monje John Ball tomó las riendas del levantamiento, por lo cual fue encarcelado, torturado y finalmente excomulgado. Ladraba discursos que convulsionaban a sus audiencias: "las cosas no irán bien hasta que no quede establecida la comunidad de bienes, hasta que no seamos todos iguales. ¿Por qué nos mantienen en estado de servidumbre si descendemos de los mismos padres, de Adán y Eva? ¿Cómo pueden probar esos señores que son mejores?". La prédica se metamorfoseó en una multitud que invadió y ocupó Londres. Esto no había ocurrido nunca. Tembló el sistema y hasta el rey se apuró en deslizar asustadas promesas, como por ejemplo abolir los privilegios de los nobles para cazar y pescar. Pero el rey no iba a tolerar el chantaje en forma indefinida y, cuando pudo, atacó por sorpresa al más grande ejército popular que hasta entonces había visto Inglaterra, compuesto por 40.000 combatientes zaparrastrosos. Los asaltó de súbito y diezmó sin misericordia.

Pero la ilusión de que aboliendo la propiedad se conseguiría el paraíso continuaba firme. Esa matanza no apagó la vorágine.

En Europa central crecía la secta del "monte Tabor", de resonancia bíblica, porque en ese monte de la Galilea tuvo lugar la Transfiguración de Jesús. Los taboritas no eran irrelevantes: procedían de 150 pueblos y recibían a diario oleadas de pobres. No aceptaban diferencias de clases, aunque los jefes militares procedían de la baja nobleza, espoleados por su envidia a la nobleza alta. Hicieron desaparecer todos los impuestos, las gabelas y nadie podía ser dueño de nada. Es ilustrativo que en sus combates se privasen de levantar el botín y que a sus enemigos los enterrasen con los cascos de acero y los cinturones de plata para dar testimonio de su desprecio a la riqueza. Los taboritas consiguieron que después de la ejecución del insolente teólogo Jan Huss toda Bohemia estuviese calcinada. Persiguieron a los señores feudales, a la jerarquía eclesiástica y a los otrora poderosos conventos. Predicaban con inspiración apocalíptica: "Comeréis los cuerpos de los reyes y los cuerpos de los nobles; también los cuerpos de los ricos y los cuerpos de los caballos; comeréis a los que se sientan sobre sus sirvientes. La Bestia será capturada y con ella sus falsos profetas. Serán arrojados a un mar de fuego lleno de azufre hirviendo".

El representante del Papa convocó a una cruzada contra los taboritas. La guerra fue encarnizada, con perversidades recíprocas. Los seguidores del Papa y el emperador comenzaron mal y tuvieron que huir despavoridos. Pero luego cambió la tendencia y la aterrorizante "fortaleza taborita" acabó en escombros.

Como ves, mi lector perseverante, ni entonces ni después pudo triunfar de manera definitiva un movimiento que iba en contra de la historia, como más adelante demostró Marx. Esas sectas, a menudo bien inspiradas, iban en contra de la historia, en contra del avance que sólo se lograba —poco a poco, con injusticias infinitas— afirmando la propiedad, liberando las fuerzas productivas, permitiendo la iniciativa individual, abriendo los pórticos del comercio. Estos factores nada heroicos ni revolucionarios fraguaban los instrumentos de un mundo mejor. El derrumbe de los taboritas y demás sectas herejes no se debió sólo a las armas, sino a la ingenuidad de sus doctrinas.

Ahora viene el estampido final.

La Reforma que estalló en el siglo XVI también cayó en el valetudinario prejuicio y redobló el odio hacia la propiedad. Pruebas al canto: el misionero Johann von Schiebern predicó un sistema comunista y fue quemado en Worms. En 1476 apareció en Francia un músico trashumante que difundía el "evangelio de la igualdad y la revolución"; lo detuvieron por orden de un obispo y también fue quemado. El volcán de la confusión era tan estruendoso que el mismo Martín Lutero (1483-1546) admitió a Thomas Münzer, de conocido carácter fanático y violento, como predicador de una iglesia que había adherido a sus postulados.

Pero los propósitos radicales de Münzer generaron una fuerte resistencia y lo expulsaron de la ciudad junto a medio centenar de partidarios. Münzer hacía una explosiva mezcla de Joaquín de Fiore, experiencias taboritas e ideales de los hermanos apostólicos. En su alma hervía el resentimiento y el sadismo. Quería imponer a toda costa la primitiva igualdad cristiana. Tomó en serio la condena que había lanzado Martín Lutero contra los ricos y los usureros, y fue más allá: propuso exterminarlos sin demora. Pero cuando llegó la lucha abierta, Lutero se apartó de los rebeldes y se unió a los príncipes que lo sostenían. Münzer se enojó y dijo que "a la violencia de los príncipes hay que oponerse con mayor violencia aún". Se incorporó a la guerra de los campesinos y se instaló en Mülhausen, donde por fin consiguió que todos los bienes fuesen comunes. Pero, como describió el gran reformista Melanchton, "esto hizo al pueblo tan ocioso y turbulento que no quiso trabajar más. Cuando precisaban el grano para comer y los tejidos para vestirse, se abalanzaban sobre los ricos y exigían su entrega, de acuerdo con el derecho cristiano, pues decían que Cristo quería que se les dé a los menesterosos". Finalmente, Münzer rodó por el despeñadero. En Wursburg fueron ejecutados más de 10.000 campesinos que lo seguían, muchos de ellos quemados vivos. Münzer fue arrestado, juzgado, humillado y ejecutado por el hacha.

Apareció otro defensor del prejuicio que causaba tantas carnicerías: el pueril y pacífico humanista Sebastián Franck (1499-1542), quien escribió que la propiedad privada estaba al servicio del egoísmo y la violencia. "Debemos tener todas las cosas en común, como común es la luz del sol, el aire, la lluvia, la nieve y el agua." Estas reglas embebidas de espíritu místico fueron aplicadas por los baptistas en la ciudad de Münster mediante un consenso inicial, pero después con mano despiadada. La alegría del comienzo se trocó en desesperación; esperaban la llegada de Cristo y la implantación de su reino apacible. La ciudad fue asediada por las tropas que respondían al Papa. Como en otras experiencias anteriores y posteriores, la traición y las divisiones internas aceleraron su caída. Las fuerzas episcopales penetraron con brutalidad extrema y sometieron a tormentos a todos los cabecillas hasta darles muerte infame. El episodio fue novelado por Marguerite Yourcenar en su *Opus nigrum*.

El tábano de la utopía

Te dije que la prevención contra la propiedad privada viene de lejos y se ha solidificado como un fósil. ¿Cómo no vamos a desconfiar de la propiedad si durante siglos se la consideró un pestilente hontanar de injusticias y violencia? Además, ese concepto fue vigorizado con la formulación de utopías estremecedoras que a menudo invocamos con respeto.

La utopía no es mala en sí, porque estimula a desear y tener esperanzas. Pero se torna negativa cuando cae en manos de los fanáticos que reducen su categoría onírica a un programa alienante y compulsivo.

Tres personalidades dejaron una impronta indeleble: Thomas Moro (1478-1535), Francis Bacon (1561-1626) y Tomás Campanella (1568-1539).

Thomas Moro fue juez e hijo de juez. Llegó a procurador de la City londinense. Luego ingresó como diputado en la Cámara de los Comunes. Cumplió una misión diplomática en Holanda, donde empezó a escribir su *Utopía*, que apareció anónimamente en la ciudad de Lovaina en 1516, editada por sus amigos Erasmo de Rotterdam y Petrus Aegidius. El musculoso rey Enrique VIII, que apreciaba su erudición, lo declaró noble y convirtió en su amado canciller. Moro era uno de los hombres más admirados de aquel tiempo y Erasmo le dedicó su *Elogio de la Locura*. Pero cuando estalló el enfrentamiento del monarca con Roma para divorciarse de Catalina de Aragón, Thomas Moro prefirió defender sus principios católicos en vez del favor real. No hubo más alternativa que destituirlo, juzgarlo y ejecutarlo, pese al horror de quienes lo conocían.

Su posición conservadora contrastaba con la audacia de su libro, en el que hay humor, crítica, dolor e inspiración caudalosa. Mediatiza sus convicciones por boca del navegante Rafael Hytlodaeus, quien describe la fabulosa isla que da nombre al libro: "Utopía". Allí estaba abolida la propiedad privada, raíz de los crímenes, porque "mientras subsista, pesará sobre la humanidad la carga de la miseria y la necesidad".

Dedica párrafos para refutar a quienes suponen que la ausencia de propiedad desalentará el trabajo o que la falta de un gobierno tiránico desatará olas de delitos. En la fantasía de Moro se filtra el deseo de orden y de planificación que será la trágica constante de los regímenes totalitarios. Dice, por ejemplo, que la isla tiene veinticuatro ciudades y granjas "perfectamente distribuidas", "todas de idénticas dimensiones". Una mitad de la población vive en la ciudad y la otra en el campo, son dos mitades iguales y bien reguladas. Pero cada seis meses se realiza el cambio, para que nadie se sienta objeto de injusticia por vivir siempre en el campo o siempre en la ciudad.

El trabajo es obligatorio, lo cual genera una producción

que permite reducir la jornada laboral a seis horas. Por las mañanas abundan conferencias científicas y por las noches se practica el juego del ajedrez y la música. La manutención es provista por almacenes comunes que satisfacen todas las necesidades ("a cada uno según su necesidad"). El dinero sólo es manejado por el Estado, para pagar mercenarios que hagan la guerra o para sobornar a los enemigos.

Thomas Moro se despide con palabras conciliadoras: "No puedo confirmar todo cuanto ha dicho Rafael Hytlodaeus, aunque es un hombre inteligente y experimentado, pero me complace hacer constar que en el Estado de los utópicos hay mucho de lo que desearíamos para el nuestro".

Moro, aunque fue un crítico agudo —como lo fue su amigo Erasmo—, permaneció anclado en la visión del cristianismo primitivo y la concepción monástica, que repudiaban el amanecer de teorías que elogiaban el máximo provecho como forma de motorizar la producción de bienes y alcanzar mayor nivel de bienestar colectivo. En la niebla del prejuicio, no pudo ver ese aspecto. Su noble anhelo de justicia y progreso sólo era captado a través de mecanismos distribucionistas, como en las etapas más oscuras, cuando los nómades asaltaban a los primeros sedentarios y convertían en palpable realidad la "distribución" de las riquezas.

Distinta fue la posición de otro inglés notable, Francis Bacon. Escribió otra utopía titulada *Nova Atlantis*. A diferencia de Moro, en Bacon predominó la ciencia y la técnica sobre las razones morales. De nuevo el Estado ideal es una isla, también cristiana. Pero no condena la propiedad privada y su acento se dirige al elogio de una institución muy importante, una especie de Academia de las Ciencias llamada "Casa de Salomón". Allí se trabajaba al servicio del "conocimiento de las causas y de los movimientos, se estudiaban las fuerzas de la naturaleza y cómo puede extenderse el dominio humano hasta los límites de lo posible". Entre los descubrimientos técnicos anticipados por Bacon figuran submarinos, aviones, robots y maquinarias para la fabricación de objetos. Fue un anticipador de la revolución industrial.

El tercero que cito aquí (y termino) es Tomás Campanella, nacido en la fogosa Calabria. Preconizaba una monarquía mundial bajo la autoridad pontificia que aseguraría la paz del planeta. Según una oscura profecía de Joaquín de Fiore —a quien admiraba en secreto— esperaba que en el año 1600 (cifra redonda, siempre fascinante) se produjese una revolución generalizada que instalaría el famoso Tercer Reino, el del Espíritu Santo. El levantamiento de los campesinos calabreses contra el dominio de España fue visto por él como un anuncio del cielo. Campanella se salvó de ser ejecutado, pero debió soportar la cárcel durante 30 años. En su mazmorra escribió *Ciudad del Sol*. Se inspiró en la *Politeia* de Platón y en la vida conventual. El jefe de la Ciudad tenía el título de "Sol" y aunaba la jerarquía de monarca y pontífice, como en la antigua Roma, y como en la Roma de los Estados pontificios. En el caso de que el Sol llegara a enterarse de que otra persona con 35 años de edad fuese mejor que él, debía renunciar a su favor con inexcusable altruismo. Todos los funcionarios eran sacerdotes elegidos por el pueblo, pero inamovibles de sus cargos. Había un control aristocrático de los mejores sobre el resto ("la vanguardia lúcida" que después propuso e impuso Lenin). El trabajo obligatorio permitía reducir la jornada laboral a cuatro horas (dos menos que en la *Utopía* de Moro). "Todos eran ricos y pobres al mismo tiempo: ricos porque tenían de todo, pobres porque no tenían nada". La maldita propiedad privada había dejado de existir. Para que ni siquiera los hogares fuesen considerados una propiedad, cada seis meses debían intercambiarse las viviendas.

Un aspecto de extrema insolencia para su época fue la abolición de la institución familiar. Con eso Campanella suponía que iban a disminuir los conflictos.

En contraste con Moro, Campanella fue más centralista y radical (se aproximó al marxismo-leninismo, que lo celebró como un luminoso antecedente). Hasta en su plan político fue un adelantado: "Antes de que lleguemos a plantar y construir, hay que destruir y derribar muchas cosas". Prefiguraba a los movimientos revolucionarios del futuro, que pusieron más énfasis en la violencia demoledora que en los planes racionales de prosperidad. "Hace falta crear dos, tres, diez Vietnam" —clamó el Che Guevara siglos después, sin preocuparse por lo que sucedería tras la hecatombe.

No es de extrañar que Moro y Campanella fueran evocados en los comienzos de la revolución bolchevique y que sus admiradores quisieran emplazarles un monumento junto a las murallas del Kremlin.

Hipnótico moño

Muchas novelas y ensayos dieron rienda suelta a las ficciones de la utopía. Casi todos coincidían en su repudio a la propiedad privada; ese prejuicio era una laja imposible de partir, profundamente injertada en la médula de los hombres. *La historia de los sevarambos*, del hugonote Denis Vairasse (1637-1683), se ambientaba en un fabuloso rincón de Australia. Otros autores situaban el mundo ideal en África, o los mares del Sur, o el inexplorado interior de la Tierra. Coincidían en la pintura de un cuadro ordenado y conservador, exento de la propiedad, donde abundaba la sonrisa.

Durante la Revolución Francesa los jacobinos —cultores del prejuicio— quisieron impedir la formación de grandes fortunas. François Noel Babeuf y Philippe Buonarotti encabezaron corrientes que imponían la expropiación y redistribución forzada.

El imperio napoleónico no atacó la propiedad, pero expandió las ideas de Jean Jacques Rousseau (1712-1778) y sus discípulos. Se consolidó el mito de que el ser humano es intrínsecamente bueno y la propiedad —con sus instituciones mezquinas— lo corrompió. Cuando se lograse eliminarla, renacería la concordia universal.

A diferencia de los utópicos, Karl Marx (1818-1883) y Friederich Engels (1820-1895) se presentaron como fundadores del socialismo científico y le pusieron un moño deslumbrante a la milenaria descalificación de la propiedad privada. Sostenían que sus análisis y teorías no derivaban de la fe, ni de los sentimientos, ni de la fantasía, sino del estudio objetivo de los hechos. Consiguieron formular una vigorosa síntesis que se encendió como un faro por más de siglo y medio. Llegó a ser la doctrina oficial de un tercio del género humano.

Hasta 1844 los caminos de Marx y Engels transcurrieron separados, aunque ambos eran alemanes de familias burguesas.

Marx era nieto de rabinos e hijo de un abogado que se convirtió a la fe luterana para obtener su título, como se les exigía a los judíos que deseaban cursar la universidad. Karl Marx estudió en Bonn y Berlín, primero derecho y luego filosofía. En Berlín conoció a los jóvenes hegelianos y se entusiasmó con la fertilidad del método dialéctico. Trabajó como periodista en la *Rheinische Zeitung* de Colonia. Apenas obtuvo algo de dinero se casó con la hermosa Jenny von Westphalen, con quien se había comprometido hacía mucho, a los 18 años. Fueron a París, donde Marx inició la publicación de los *Anales francoalemanes*. Le llegó un artículo de Friederich Engels (2 años y medio menor que él), que el autor le había enviado desde Manchester, donde trabajaba en la empresa textil de su padre. Poco después se encontraron y comenzaron una colaboración que duraría toda la vida.

La diferencia de ambos con la legión de autores utópicos era que para éstos había una preeminencia moral que lograría los cambios. Marx y Engels, al revés, creían que la única solución se obtendría mediante la praxis revolucionaria. En París establecieron vínculos con la "Liga de los justos", que después pasó a llamarse "Liga de los comunistas". Marx conoció personalmente a Proudhon y otros socialistas "primitivos" —como los calificaría después— y al poeta Heinrich Heine, que también había escrito para los *Anales francoalemanes*.

Gran poeta y ensayista, Heinrich Heine simpatizó con Marx, pero le descubrió las costuras flojas. Aceptaba que "el viejo orden ha sido juzgado y condenado; ¡que muera! —escribió—. Que sea destruido el sistema donde el hombre es explotado por el hombre. Que se hagan trizas esos blancos sepulcros donde se santifica la hipocresía y la injusticia". Pero también desconfiaba del fanatismo. Presentía que la corrección violenta de los problemas económicos no establecería el paraíso en la tierra. Y presentía algo peor: que los líderes del cambio revolucionario se convirtiesen en los nuevos déspotas: "Me llena de angustia y terror pensar en la época en que estos sañudos iconoclastas lleguen al poder. Sus pesadas manos destruirán las marmóreas efigies de la belleza que para mí es tan sagrada. Acabarán con las nimiedades del arte. Talarán mis decorativos árboles y plantarán patatas donde crecían laureles. Arrancarán de raíz los lirios que no saben hilar ni tejer".

La Liga de los Justos quería llegar al socialismo mediante la destrucción de los medios de producción. Había que volar las fábricas —preferentemente con los patrones adentro— y retornar a la agricultura y la artesanía. Marx no estaba de acuerdo con semejante estupidez (elogiada ahora por cierta izquierda), pero ganó su confianza. Junto con Engels les organizó un Congreso en Londres, adonde concurrieron delegados de toda Europa.

A principios de 1848 apareció *El Manifiesto Comunista,* del que extraje un párrafo capítulos atrás. La primera edición fue de mil ejemplares. Su traducción al francés fue lanzada poco antes de la insurrección de la Comuna, en junio de ese mismo año. Más tarde apareció la versión inglesa. Luego la polaca y danesa. El anarquista Bakunin (con quien todavía eran amigos) lo tradujo al ruso.

Marx creía que la transformación revolucionaria sólo se lograría mediante la conquista violenta del poder político (asalto a la democracia). Para socializar los medios de producción no había otro recurso que "el despótico ataque al derecho de propiedad" (ahí se equivocó de medio a medio, como dirían ahora con fundada experiencia sus discípulos chinos). Entre las medidas iniciales proponía la expropiación del suelo, impuestos progresivos, abolición del derecho a la herencia, el trabajo obligatorio y la educación pública gratuita. Muchos de sus discípulos practicaron con idealismo la cultura de la muerte; una aberración.

Marx fue expulsado y se estableció en la democrática Inglaterra, donde el capitalismo iba a la vanguardia. Allí vivió hasta su muerte a los 65 años de edad.

Las teorías de Marx y Engels debieron esperar aún 24 años para ser llevadas a la práctica en el país menos pensado, y por un burgués llamado Vladimir Illich Lenin (1870-1924). Lenin se volcó a una adhesión acrítica del marxismo y lo instaló en el altar de los dogmas teológicos: "Las enseñanzas de Marx son todopoderosas porque son ciertas, completas y armoniosas. Brindan a todos los hombres una visión congruente del universo, inconciliable con cualquier superstición, reacción o defensa de la opresión burguesa. Es el legítimo heredero de lo mejor que ha creado la humanidad en el siglo XIX: la filosofía alemana, la economía política inglesa y el socialismo francés".

Marx y Engels habían dicho, por el contrario, que "nuestra doctrina no es un dogma". Su más ferviente y exitoso discípulo no quiso escuchar esa advertencia. En la cabeza de Lenin venían repicando las campanas que exigían un cambio drástico, sea como sea, lo antes posible. Ya habían circulado los milenaristas, los valdenses, los taboritas, los lolardos, los husitas, los begardos, los utópicos, los enciclopedistas, los soñadores religiosos y laicos que anhelaban una sociedad sin opresores ni oprimidos. Creía que el proletariado era el nuevo nombre del Mesías. Su dictadura iba a proyectar el mundo hacia una irrefrenable prosperidad. Hizo la revolución en su nombre y en su nombre instaló la dictadura de los soviets. Claro que el proletariado tenía poco que ver con todo eso: los líderes eran intelectuales, burgueses y pequeñoburgueses ilustrados y fanáticos. La URSS se convirtió en el presunto Estado de los proletarios. Sus simpatizantes en el mundo formaron legiones.

Los cercenamientos al derecho de propiedad y sus consecuencias desastrosas forzaron a corregir la política económica. Luego Stalin, con renovados ataques a la propiedad, mediante la expropiación de los campesinos, produjo hambrunas bíblicas. Una precoz e inescrupulosa propaganda ocultó crímenes, genocidios y fracasos sin precedentes. El monto de sacrificios impuesto a millones de soviéticos para edificar el paraíso no tenía comparación. Se encubrieron arbitrariedades, despotismo, expulsiones masivas y persecuciones por motivos políticos, étnicos, religiosos o artísticos. La profecía de Heine adquirió una dimensión monstruosa. Un totalitarismo implacable y sin ranuras ahorcó la libertad, la igualdad y la fraternidad que se habían acariciado con tanto fervor desde los tiempos de la Revolución Francesa. El Partido único era la nueva clase que sometía a la otra clase, la constituida por el resto del país. En consecuencia, era mentira que se hubiesen suprimido las clases.

En el XX Congreso del Partido Comunista de la URSS (febrero de 1956) Nikita Khruschev denunció los crímenes de la etapa estalinista. Fue un mazazo que heló la sangre. La consternación era tan intensa que algunos comunistas honestos optaron por el suicidio. El "deshielo" de Khruschev fue cantado por muchos escritores y hasta Alexander Solyenitzin fue autorizado a publicar sus novelas de denuncia. Pero Khruschev era un comunista convencido y propuso a Occidente la convivencia pacífica, total la historia daría el triunfo al socialismo. Había denunciado a Stalin, no al sistema.

Pero a Khruschev sus camaradas no le perdonaron las denuncias tan hirientes. El sistema tenía más afinidad con Stalin que con ese rudo felón ucraniano. Fue sustituido, aunque no encarcelado ni ejecutado en las lúgubres cárceles del régimen. Cuando murió lo enterraron lejos del Kremlin. El sistema prosiguió con la rigidez, censura e inclemencia que tuvo desde su origen.

Ningún politólogo de prestigio se atrevió a sospechar que padecía una enfermedad que socavaba su supervivencia. La *perestroika* y *glasnot* de Gorbachev fueron interpretadas como medidas de perfeccionamiento audaz, no el síntoma de una agonía imparable. Pero en 1989 se sacudió el planeta entero: cayó el Muro de Berlín y empezó un huracanado efecto que se extendió por Europa oriental y la misma URSS. Contra las profecías del marxismo, el sistema socialista no reemplazó al sistema capitalista. Por el contrario, el capitalismo se revelaba más enérgico, vital y progresista. Quienes creyeron en las sagradas escrituras del marxismo-leninismo tuvieron largas cefaleas, vértigos, angustia, meningitis, qué sé yo. Era una realidad que no parecía cierta. Resultaba imposible digerir semejante desenlace para quienes creyeron con fe religiosa en la infalibilidad del marxismo-leninismo. Y quienes menos la pudieron digerir, aparte de los fanáticos, eran las multitudes enajenadas de los países pobres. Se les había caído la más fuerte ilusión de toda una centuria.

Ahora nos encontramos con la sorpresa de que hasta la populosa China, que sigue siendo políticamente comunista, ha decidido cancelar su odio a la propiedad privada. Recibe cataratas de inversiones, respeta los contratos y quiere mostrar previsibilidad. Desde que el régimen abandonó el voluntarismo catastrófico de Mao Zedong y empezó a reconocer los beneficios de la economía de mercado, progresa a un ritmo que marea. Stalin y Mao deben estar a los tumbos en sus sepulcros respectivos.

Qué hacer

Sólo cabe progresar cuando se piensa en grande; sólo es posible avanzar cuando se mira a los lejos.

JOSÉ ORTEGA Y GASSET

Bien, mi inquieto lector, supongo que tras este somero viaje has podido al menos comprobar que el prejuicio contra la propiedad es más granítico que la lógica. Le pasa como algunos dicen del matrimonio: expresa el triunfo de la esperanza sobre la experiencia...

El odio a la propiedad ha sido regado con lágrimas y sangre, tal como acusa la historia que repasamos a vuelapluma. Tanto se ha insistido en que la propiedad es maligna, que se acabó por creerlo como verdad irrefutable. Sin darse cuenta de que sucede a la inversa: es su violación la que acarrea más pobreza e injusticias.

Entre los argentinos debemos realizar un trabajo que suena políticamente incorrecto: defender la propiedad privada. Así de simple, así de gigantesco. Resulta incómodo, aún sentimos que elogiarla es como ponerse al lado de la explotación y el despojo. Aún sospechamos que lo aconsejable es atentar contra la propiedad, redistribuirla a machetazos, arañarla, limitarla, para que se ponga "al servicio de todos". Y nos olvidamos de aquella sabia afirmación de Aristóteles que debemos repetir sin cansancio: lo que es de todos acaba por ser de nadie.

¡Atrevámonos a la franqueza! En las grutas de su alma cada argentino quiere tener propiedades, claro que sí. Quiere tener su casa, su auto, sus reservas en un banco o donde sea, su inversión productiva, hasta una buena renta. Quiere todo eso para alcanzar un mejor nivel de vida; y le irrita que se lo quiten, violen o pongan sobre el tembladeral de leyes arbitrarias. No hace falta repetir la furia que estalló cuando padecimos el corralón y el corralito: esa violación grosera de la propiedad privada generó el rebumbio de un cacerolazo espectacular y produjo la caída de un gobierno legítimamente electo. Es que la violación de la propiedad privada había alcanzado un espectacular pico de grosería, y activó los recuerdos sumergidos de tantas violaciones anteriores, siempre impunes.

Alberdi escribió que "no basta con reconocer la propiedad como un derecho inviolable. Ella puede ser respetada en principio y desconocida y atacada en lo que tiene de más precioso: en el uso y la disponibilidad de sus ventajas". ¿Nuestros funcionarios se acordarán de Alberdi?

Desde luego que la propiedad tiene una función social inexcusable. No debemos ignorarla, pero esa función social no implica perder el debido respeto a los contratos, la estabilidad jurídica y demás instrumentos que aseguran su salud. La función social ya figura en el Antiguo Testamento con una extensa, pormenorizada y colorida legislación, ratificada por los Evangelios, luego por el Corán. Pero la función social de la propiedad sólo es posible cuando existe la propiedad. Supongo que me entendés, ¿verdad? Si no existiese la propiedad, resultaría necio hablar de sus aplicaciones sociales. Sólo puede aplicarse lo que existe. Y la propiedad se extingue cuando hay expropiaciones manifiestas o disimuladas, violaciones a sus derechos que los argentinos (y latinoamericanos en general) somos expertos en infligirle sin respiro.

Hasta las villas miserias deberían ser atravesadas por el concepto de la propiedad. No sonrías, por favor... Hay que terminar con los ghettos. ¿Cómo? Mi propuesta intenta superar la erradicación violenta o el veneno del aislamiento y el abandono, que parecen las únicas alternativas a los asentamientos ilegales o miserables o como prefieras llamarlos. Allí viven argentinos con inteligencia y sensibilidad, afectados por problemas graves que tenemos la obligación de atender. Pero además de proveerles servicios elementales como buenas calles, suficiente agua, electricidad, cloacas, escuelas y hospitales, se deberían poner en marcha planes de financiación para la construcción de viviendas que se basen en subsidios directos a los adjudicatarios, con proporción decreciente a sus respectivos ingresos; estos subsidios deberían estar acompañados por créditos de la banca privada y una intensa asistencia social para habituarse a los nuevos hogares. La recuperación de los créditos a largo plazo permitirá que continúe operando el sistema y adquiera más intensidad. En esos sitios que parecen abandonados por la mano de Dios también debe ingresar el concepto y el elogio de la propiedad privada, su manejo, sus beneficios, su motor de legitimidad y progreso. Y si es imposible transformar esas barriadas de la desesperanza, que sus habitantes usen los subsidios y los préstamos para elegir las viviendas que el mercado empezará a construir. Las propuestas de Adolfo Sturzenegger y Guillermo Laura son perfectamente realizables, para sólo darte un ejemplo. Sólo hace falta el consenso de la sociedad y la visión del gobierno.

En otras palabras, debemos ser conscientes de que hay que brindar prestigio, protección y seguridad a esa institución llamada propiedad privada. Y difundirla al máximo.

Una forma perversa de atacar la propiedad es obligando a la transferencia de capitales privados al Estado, entidad que suele hacer un horrible uso de ellos. El Estado es un ave de rapiña que picotea sin cesar, engorda y luego defeca sus favores nauseabundos. Nauseabundos porque no ayudan al crecimiento del país, sino a su decadencia: favorecen a los amigos o leales, desalientan la cultura del trabajo, enturbian la transparencia competitiva y esclavizan a la población. No es un Estado que conduce al bienestar, sino a la corrupción de los ciudadanos y la atrofia de sus valores. Lo hace con leyes, decretos y medidas que trastornan la fisiología económica y enlodan el concepto de que la ley es igual para todos.

Ese Estado contrario al concebido por la Constitución liberal de 1853 se convirtió en una ubre ponzoñosa. Los argentinos debemos hacer un esfuerzo de titanes para que desaparezca el veneno y el Estado cumpla las funciones que de veras le corresponde en materia de salud, educación, justicia y seguridad. Lo demás no sirve.

¿Te parece que exagero? Pongo ante tus ojos una información que chilla: sólo en la Capital Federal hay cuatro empleados públicos por cuadra. Eso es producto de un favoritismo desaforado, no de las necesidades que exige el buen servicio público. Fijate: aunque Buenos Aires tiene menos habitantes que Los Ángeles y que Chicago, ¡dobla a cada una de esas dos ciudades en el número de empleados estatales! El cálculo, realizado sobre la base de informaciones del Indec y otros organismos, da una cifra que pone los pelos de punta: hay 112.000 trabajadores estatales en un área de doscientos kilómetros cuadrados, es decir, más o menos ¡cuatro empleados por cuadra! En contraste, Chicago registra 41.000 trabajadores estatales y Los Ángeles 49.900. Para tomar conciencia de lo que significa ese número de 112.000 empleados porteños, vale recordar que es una cifra mayor a la suma de todos los empleados que ocupan las cadenas de los principales supermercados del país: Carrefour, Norte, Coto, Tía, Jumbo, Disco y Wal Mart. Toda esa gente vive del Estado con el dinero que se quita a los contribuyentes, es decir, que se quita a la propiedad privada de los argentinos.

En cuanto a la distribución geográfica del puesto burocrático, es más alto en las provincias pobres, como se sabe y nos llena de indignación. Allí el empleo sirve como voto cautivo; es carroña del poder feudal. Los casos más notorios son Santa Cruz con un 23% sobre la población en condiciones de trabajar, Formosa con el 21% y La Rioja con el 20%. El nivel se incrementa cuando se mide la burocracia de las pequeñas ciudades como Río Gallegos, Viedma y Jujuy, donde llega a más del 40%; en Formosa trepa al 54%.

La provincia de Buenos Aires tiene en su administración 400.000 empleados, sin contar los dependientes de sus decenas de municipios. Es la misma cantidad de empleados que exhibe el estado de California, pero con la apabullante diferencia de que el PBI bonaerense es cuarenta veces menor. ¡Un abismo de distancia!

Ahora te suministraré un dato más escalofriante aún: contra lo que suele uno imaginar, el empleo público no es ocupado por las clases de menos recursos. A la inversa, son los sectores altos y medios los que se han prendido a ellos como las garrapatas a la piel de una gallina. El estudio de Francisco Olivera en que me baso revela que en la franja que ocupa el 20% más rico de la población, una de cada cuatro personas tiene un sueldo estatal. En cambio, en el 20% más pobre, la relación es de sólo una cada veinte personas. En consecuencia, no es desatinado afirmar que el empleo público tiene un efecto regresivo desde el punto de vista social.

La comparación con el sector privado nos depara otras sorpresas. La municipalidad de Avellaneda, por ejemplo, suma 4.830 empleados, y supera a la empresa más grande de la Argentina en términos de facturación que es Repsol YPF, con sólo 4.800 empleados. La municipalidad de La Matanza emplea 5.960 personas, el equivalente al personal utilizado por las dos distribuidoras más grandes de electricidad del país: Edenor con 2.640, y Edesur con 2.520. La provincia de Buenos Aires emplea más trabajadores que las 100 primeras empresas que más personal contratan en la Argentina. ¿Qué te parece? ¿Así lograremos el renacimiento argentino? ¿O hace falta ponernos a buscar soluciones en serio?

Si suponemos que cada una de las personas cuyo ingreso depende del Estado tiene a su cargo otra persona más como mínimo, llegamos a la conclusión de que casi un 30% de la población nacional depende de los fondos públicos. Ah, olvidamos sumar los jubilados y pensionados. La ubre exhausta del Estado sigue goteando, pero ya no es leche, ni siquiera veneno, como dije hace un rato: debe ser sangre. Todo a costa de la propiedad privada de los argentinos.

En nuestro pueblo se ha internalizado la idea de que un trabajo estatal, aunque remunere menos, tiene más estabilidad que un trabajo en la esfera privada. Es cierto, lamentablemente. Los desocupados, que ahora son legión, no provienen del sector estatal. En una encuesta reciente se muestra que sólo el 2,7% de los desocupados había sido funcionario estatal; en otras palabras, el 97,3% de los desocupados proviene solamente de la actividad privada, es decir del sector más castigado y el único vinculado a la producción.

¿Qué hacer, entonces?

¡Encarar las reformas estructurales que limpiarían la ciénaga que nos ahoga! Pero nuestra dirigencia no lo ve o no tiene el coraje para verlo. En lugar de encarar reformas en serio prefiere reeditar las medicaciones paliativas que jamás devolverán la salud, pero tienen menos costo político (inmediato). Recordemos el granizo de palabras que en distintos momentos simbolizaron la salvación: blindaje, megacanje, default, devaluación asimétrica. Lo único que lograron fue postergar la solución para el año que viene, o la década que viene, o la administración que viene. Ninguna de esas palabras propicia un clima de negocios sostenido ni atrae las inversiones, que necesitamos como el agua que implora el desierto.

¿A quién puede interesarle las inversiones de riesgo en un país como el nuestro, cuyo mercado no es grande y ahora está reducido a menos de la mitad por la pobreza y la exclusión, y donde para colmo no hay seguridad jurídica? Suponer que la vieja receta de la sustitución de importaciones es una solución a largo plazo requiere mucha ingenuidad. Para que de verdad salgamos de la pobreza hay que desterrar los paliativos y empezar a ser atrayentes en serio. ¿Cómo se logra? No es un misterioso arcano. Prescribo a continuación algunos medicamentos:

—Imponer un sistema tributario racional, estable y sencillo, fácil de cumplir, que no cambie con el humor de los funcionarios de turno.

—El Estado debe dedicarse sólo a los servicios públicos indispensables, como seguridad, defensa, justicia, y atenuar sin clientelismo los sufrimientos de la población carenciada.

—Decidirnos por una reforma laboral que estimule la inclusión de mano de obra. Es necesario que las empresas no tengan miedo a contratar nuevo personal. También es necesario que entre los trabajadores vuelva a fermentar la ambición por la eficiencia y el progreso personal.

—La producción competitiva debe mirar hacia el exterior, para que exportemos en forma creciente, única forma de conseguir muchas divisas. El Estado no debe seguir apuñalando la propiedad de los exportadores con retenciones que desalientan el flujo de la exportación.

—El empresario no debe arrodillarse ante el funcionario de turno o esperar que le elogien su patriotismo. Debe satisfacer al consumidor, para que su empresa crezca, sus empleados mejoren los sueldos y pueda pagar buenos tributos.

Roberto Cachanosky recuerda que el presidente Néstor Kirchner preguntó a los empresarios del exterior quiénes habían sido los irresponsables que los habían asesorado cuando invirtieron aquí durante los años 90. Si seguimos la misma línea, en el futuro —prosigue Cachanosky—, cuando se agote el actual modelo de sustitución de importaciones y quedemos aislados del mundo, un nuevo presidente hará la misma pregunta a los que se animan a invertir en estos momentos.

Por lo tanto, ¡basta de paliativos o de malos remedios! Se nos va la vida, no debemos esperar.

Cuando yo estudiaba alemán, en un libro de texto me encontré con la siguiente anécdota. Un estudiante rendía su examen y contestó sobre la medicación que debía suministrar al enfermo del que hablaban. Luego de escucharlo, el presidente de mesa le dijo amablemente que podía retirarse y esperar su nota en el patio. Pero después de salir el joven advirtió que se había equivocado, que ese fármaco era incorrecto. Entonces regresó con precipitación al aula y explicó su error. Transpiraba mientras informaba que conocía perfectamente los remedios que se aplicaban a dicha patología y por eso quería rectificarse; sabía que estaba contraindicado suministrar la droga que había mencionado antes. El presidente de mesa lo miró a los ojos y dijo con una sonrisa triste: Lo siento, estimado alumno, pero su paciente ya murió.

Competencia y comercio

¿No es la esperanza de llegar un día a adquirir el lujo y disfrutarlo un estímulo para el trabajo y la creatividad?

BENJAMÍN FRANKLIN

La producción argentina padece la molicie que le impusieron décadas de maternal protección arancelaria. Los beneficios que se aspiraba otorgar a las firmas locales con esas medidas terminaron por atrofiar la imaginación y el empuje del empresariado nacional. En lugar de generar una multitud de empresarios que haga trepidar el país y difunda su prestigio por el mundo, parió empresarios que sólo saben conseguir favores y copiosos amparos del poder que, en cada momento, domina al país. Se los llamó "la patria contratista"; son los campeones en ganar contratos por izquierda. No tenían tiempo para dedicarse a la excelencia, que casi nadie valora, sino a ganar licitaciones jugosas y otros beneficios en cadena con sobornos o envaselinada seducción.

Nadie tenía en cuenta que sólo la limpia competencia obliga a invertir en recursos y talento, que sólo ella hace crecer. En cambio, la reducción artificial de la oferta mediante barreras arancelarias, que se conseguía con medios santos o no tan santos, derramaba ganancias a ciertas firmas, pero sin hacerlas más fuertes ni más competitivas ("empresas pobres y empresarios ricos", se denunció con acierto).

Esta política infantilizadora tiene otra consecuencia: que se produzca peor y más caro, con perjuicio obvio para la masa de los impotentes consumidores. El ejemplo más evidente lo han ofrecido los países del socialismo real, cuya industria no podía alzar su nariz por encima de una calidad simplemente detestable; basta con observar sus automóviles y vestimentas —ya de museo— para tenerles lástima.

La apertura de la economía tiene sus riesgos, porque obliga a navegar en las aguas del comercio internacional, pero estimula el espíritu de la competencia, obliga a mejorar los recursos materiales y humanos, consigue bajar los precios y elevar la calidad de los productos. Esa política no excluye, desde luego, la integración a diversos países y bloques. Tampoco significa abrir las puertas en forma irrestricta, violenta, irresponsable. Pero este asunto —no abrir las puertas en forma irrestricta— ha sido interpretado como mantenerlas cerradas del todo o sólo dejar una mínima ranura.

Para estimular la competencia y sus beneficios tenemos que forjar mecanismos que la garanticen en forma continua, porque los argentinos solemos hacer trampa. Como no siempre hay que inventar la pólvora, te cuento que ya se ha propuesto ese mecanismo: un Tribunal independiente de alta especialización y de instancia inicial administrativa, con total desvinculación jerárquica del Poder Ejecutivo, tan tentado siempre a entrometerse donde no debe. El Tribunal evitará las imperfecciones estructurales, las lagunas informativas, el abuso de los monopolios, el engaño a los consumidores y la formación de coaliciones que ensucian la igualdad de oportunidades y la transparencia.

Ese espíritu moderno contrasta con la deprimente postura de "vivir con lo nuestro", aislarnos del mundo y confiar en las astigmáticas perspectivas que despierta la sustitución de importaciones.

Para comprender hacia dónde nos lleva esa tendencia cargada de falacias, Federico Sturzenegger nos ilustra en su libro *La economía de los argentinos* con una visión narrativa que habría podido firmar Jorge Luis Borges. Me parece que también Julio Cortázar.

Dice: "Supongamos que nuestro objetivo fuera desarrollar la industria nacional y el empleo. Para lograr ese gran objetivo alguien sugiere que se necesita generar demanda para nuestros propios productos y, consecuentemente, que no es bueno que comerciemos con el resto del mundo para evitar la competencia de productos extranjeros. La idea se discute y nos convencemos de que con esta medida vamos a estar genial. Entonces la ponemos en marcha cerrando todas las fronteras. Una vez que la medida está implementada, alguien podría decir: '¡Un momento! Si esto es bueno para el país, también debe serlo para un subconjunto del país. Hagamos lo siguiente: cerremos las provincias. Si es bueno que el país no comercie con el resto del mundo, entonces tiene que ser bueno que la provincia de Buenos Aires no comercie con las demás, porque entonces vamos a desarrollar mejor todas las industrias de la provincia de Buenos Aires'. Como el razonamiento parece impecable, todas las provincias se entusiasman y la propuesta gana el apoyo unánime de todos los gobernadores. Entonces cerramos todas las provincias, que quedan aisladas entre sí y producen lo que pueden. Alguien notará que faltan bananas en Río Gallegos o que no hay lana en Formosa, pero estas pequeñeces serán descalificadas en un momento en el que el país está encarando reformas tan revolucionarias. Un buen día, el intendente de la ciudad de La Plata dice: 'Si es una buena idea para la provincia, implementémosla para la ciudad'. Y entonces la cierra. Nadie de la ciudad puede comerciar con nadie de afuera. Ahora la gente empieza a sentir ahogo, muchos productos (casi todos) comienzan a escasear y, como cada vez que se rompe algo es imposible conseguir un repuesto, surgen mercados de trueque donde las cosas que se conseguían cuando la ciudad comerciaba con otras ahora se venden a precios insólitos. Pero el objetivo está en camino de ser logrado: lo que se consume en La Plata se produce en La Plata. Aunque algunos ya empiezan a dudar de la propuesta, el delegado municipal de City Bell (localidad del partido de La Plata) dice: 'Miren, muchachos, si esto es una buena idea, lo hacemos para City Bell'. Es fácil imaginar dónde termina este proceso. Termina en una manzana, o en una casa, lo cual implica que la gente debe arreglarse con lo que se puede producir en esa manzana o en su patio. Y así llegamos a un mundo que es de autarquía o autosuficiencia: un mundo sin comercio. En ese mundo la gente se queda en su casa tratando de cultivar tomates en el jardín, casi lo único que pueden producir antes de morirse de hambre, porque ¿de dónde va a sacar la semilla?".

Ese cuento revela la locura de dar la espalda a un genial descubrimiento del hombre: el comercio. El comercio es muy antiguo y se ha convertido en una gigantesca palanca del crecimiento. Desde sus inicios impulsó la especialización y el consiguiente progreso, porque cada uno se ve empujado a hacer lo que mejor puede. La historia revela que las comunidades, pueblos y naciones que más han comerciado son las que más se han enriquecido. El intercambio interno y universal aumenta el rendimiento, la calidad y la diversidad de los productos. Benjamín Franklin aseguró que "nunca un país fue arruinado por el comercio".

Comercio y competencia se necesitan en forma recíproca, porque la competencia ayuda a tener mejores catálogos para comerciar.

¿Qué hacer para que los argentinos podamos competir mejor y comerciar con más réditos?

Existen varias propuestas. Enumero algunas muy osadas, para no cansarte, mi leal lector.

Por ejemplo, crear recursos fiduciarios que financien las exportaciones con los activos y fondos que los argentinos tienen en el exterior, activos y fondos que quedarían libres de impuestos si son repatriados.

Reorientar los recursos públicos destinados a las Pymes para instalar fondos de garantía que les permitan obtener mejor financiamiento. El Estado junto con cámaras privadas deben proveer información sobre las nuevas tecnologías aplicables a diferentes sectores y subsidiar la incorporación de técnicas que permitan certificar la calidad de los productos, para que estas pequeñas y medianas empresas también puedan ingresar a los mercados internacionales. Nuestras Pymes necesitan atreverse a competir dentro y fuera de nuestro territorio, como sucede en Italia. No olvidemos que en las Pymes está ocupado ¡el 80% de la mano de obra del país! No es una bagatela, no es decente ni cuerdo dejarles de prestar la máxima atención.

Los entes reguladores de servicios públicos deben independizarse del poder político para evitar la corrupción y la ineficacia que genera. El poder político tiende a enlodar la cancha. Los entes reguladores, ahora, en lugar de servir al público sirven al poder.

Hay que reducir la carga impositiva de los transportes para incentivar la producción regional. Es grotesco escuchar tanto cacareo sobre la ayuda que se debe brindar al interior del país y la resistencia que existe para trasladarla a los hechos. Impuestos al transporte (y la exportación) van en contra de la productividad nacional. Pero son impuestos que sirven para alimentar el clientelismo político, ñoquis, ineficiencia burocrática y otras babas del diablo.

Polillas en la política

El mago hizo un gesto y desapareció el hombre, hizo otro gesto y desapareció la injusticia, hizo otro gesto y se acabó la guerra. El político hizo un gesto y desapareció el mago.

WOODY ALLEN

El abandono del camino correcto afectó el prestigio de los políticos. Durante un tiempo se había considerado improbable que el paradigma de Alberdi, Sarmiento, Avellaneda y Pellegrini fuera arrasado por modelos contrarios. La vocación política se asemejaba a un apostolado, y así lo entendían todos, pese a que se filtraran lamentables excepciones. Esa vocación era jerarquizada por figuras grandes o medianas, todas abnegadas, que se ganaron el respeto de los ciudadanos. La lista podría llenar varias páginas: Lisandro de la Torre, Alfredo Palacios, Juan B. Justo, Ricardo Balbín, Arturo Jauretche, Amadeo Sabatini, Arturo Illia, Juan Carlos Pugliese, Arturo Frondizi, Emilio Hardoy, Alfredo Vítolo, Alicia Moreau de Justo, Crisólogo Larralde, Moisés Lebensohn. Pero junto a ellos —en contra de ellos— medraron mediocres y corruptos que tanto daño hicieron a la salud de la república.

El repudio social contra esa peste explotó a fines del 2001 con la consigna "¡Que se vayan todos!". La frase dio vuelta al mundo, iracunda y desconsolada. La Argentina protagonizaba un giro dramático, pero también inaugural. Sin embargo, nuestra sociedad es emocionalmente inestable: al poco tiempo dejó la consigna en un baldío y votó por los mismos políticos y, en muchos casos, por los peores.

Las nuevas *Bases* de nuestro renacimiento exigen una renovación de la clase política, no sólo de los hombres, sino de algo más decisivo: la calidad de la política. Lo sabemos, pero ignoramos de qué forma conseguirlo.

¿Lo ignoramos, realmente? Creo que no, querido lector. Sobran las ideas y los anhelos, pero faltan las herramientas. O suponemos que faltan. Para desbrozar confusiones hay que empezar por reconocer que no podemos tener otra democracia que la *representativa*. Lo digo aquí porque con indulgencia seguí los debates de las asambleas alborotadas que tuvieron lugar a comienzos de 2002, en medio de la crisis. En ellas muchos soñaron con implementar una representación *directa,* ateniense. Era un impulso desesperado por encontrar el camino superador debido a que el desencanto nos asfixiaba. Pero no existía otro camino, sino el de la democracia representativa. Lo que había que superar eran los vicios de la política criolla y corregir a los políticos pegados al camanduleo impúdico. La política y los políticos jamás desaparecen, ni siquiera en las dictaduras. Nuestra sociedad los necesita renovados, capaces y honestos.

La certeza de que no había políticos honestos inspiró esta anécdota. Caminan por una vereda penumbrosa un borracho, un político honesto y Papá Noel. En el borde de la acera yace una vacilante billetera inflada de dinero.

¿Quién de los tres la alza? Es difícil para el borracho debido a su inestabilidad, es difícil para el político honesto debido a su ética y es difícil para Papá Noel cuya función consiste en regalar, no recibir. La respuesta correcta es que la alza el borracho por una razón imbatible: los otros dos personajes no existen.

La degeneración de nuestros políticos no es reciente. Cuando nos extraviamos del buen camino también dejamos que se multiplicasen los malos políticos. El Estado se convirtió en un instrumento de la dádiva; el privilegio borró la fronteras entre lo legal y lo ilegal. Después vinieron las alucinantes soluciones de los golpes de Estado que pretendían exterminar la corrupción y la decadencia mediante la manipulación autoritaria. Cada vez estuvimos peor y la política se asimiló a una vieja en estado de agonía.

Como tendemos a ser extremistas, a veces aceptamos políticos inmorales ("roban pero hacen") y a veces les exigimos que se erijan en el monumento de la moral. Ambas pretensiones, por fanáticas, no gozan de mi aprecio. Y supongo que tampoco del tuyo, mi lector amigo. Ya tengo bastante experiencia para coincidir con Aristóteles en que el camino del medio, el de la moderación, resulta más beneficioso para la salud del individuo y de la sociedad. Una cosa es la extrema inmoralidad y otra la moralidad posible. ¿Escandalizo? Me preguntarás qué es eso de la moralidad posible. Bueno, contesto. El político no debe ser un santo, cosa que tampoco se exige en otras actividades. Con eso no estoy diciendo que sea un inmoral. Entre el santo y el inmoral hay puntos intermedios.

Para explicarme mejor convoco en mi ayuda a uno de los más agudos y equilibrados analistas que tuvo la humanidad sobre el tema: Raymond Aron. Para Aron la política no era algo tan simple como la lucha entre el bien y el mal, sino la opción entre lo preferible y lo detestable. No dijo que se deba excluir toda moral, sino reconocer la especificidad de la política y la necesidad de no aplicarle categorías morales de la misma forma que se aplica a las demás actividades humanas. Hacer política no es sólo hacer el bien, porque es difícil establecer qué es el bien de la comunidad ahora, luego mañana, después pasado mañana. Los errores más graves se han originado por la incapacidad de admitir que la moral no basta para corregir ciertos hechos. Insiste Aron en que aceptar la distancia entre la moral y la política no significa cinismo o maquiavelismo, sino imaginar la actividad política con relación a sus categorías propias. Suponer la política como una moral puede llevar a la tranquilidad de conciencia, a una virtuosa indignación, a una visión del mundo en blanco y negro, pero eso no lleva a puerto seguro. Opina que debemos resignarnos a la persistencia de una oposición entre "las almas bellas" y los que aceptan los dudosos combates de la política. Esta postura implica un rechazo al maniqueísmo que con insistencia pretende instalarse en la humanidad. Para el buen político lo que piensa el adversario no es el mal absoluto, a menos que se trate del totalitarismo.

Los juicios de Raymond Aron fueron sorprendentes y polémicos en su tiempo, cuando abordaba temas tan sensibles como la Francia de Vichy, el Frente Popular, Argelia, Vietnam, el degaullismo. En cada oportunidad exhibía los pros y los contras y desarrollaba argumentos contrarios a la opción tomada.

En la Argentina estamos lejos de ese nivel intelectual de análisis. Preferimos el sometimiento total o un total rechazo. Somos maniqueístas. A veces cerramos los ojos ante corrupciones groseras y a veces armamos un escándalo por el robo de gallinas, como si fuese lo mismo y cupiera idéntica sanción. Condenamos a los ladrones pero no a los ineptos, o al revés. Odiamos al que hemos celebrado y celebramos al que hemos odiado. Nada nos conforma o nos conformamos a todo.

En resumen, pese a los zangoloteos del humor, mi conclusión y la tuya —colijo— es que debemos empujar hacia una renovación de la política y de los políticos. Que la política y los políticos sean respetables, confiables y eficaces. Que retomemos el paradigma que cimentó el sostenido crecimiento argentino a partir de 1853.

Como recreo te propongo un aguafuerte escrito por Roberto Arlt en la década de los 30. Su crítica a los políticos detestables tiene vigencia, por desgracia. Leerlo no invita a cruzarnos de brazos, de ninguna manera, sino a continuar la lucha. Nuestra meta, repito, es tener una política y muchos políticos que sean respetables, confiables y eficaces.

Vamos a Arlt. El título de su texto es: *¿Quiere usted ser diputado?*

"Si usted quiere ser diputado, no hable a favor de las remolachas, del petróleo, del trigo, del impuesto a la renta; no hable de fidelidad a la Constitución; no hable de defensa del obrero, del niño. No; si usted quiere ser diputado exclame por todas partes:

"—Soy un ladrón, he robado... he robado todo lo que he podido y siempre.

"La gente se enternece frente a tanta sinceridad. Y ahora le explicaré. Todos los sinvergüenzas que aspiran a chupar la sangre al país, todos los sinvergüenzas del pasado, del presente y del futuro tuvieron la mala costumbre de hablar a la gente de su honestidad. 'Ellos eran los honestos.'

'Ellos aspiraban a desempeñar una administración honesta.' Hablaron tanto de honestidad, que no había pulgada cuadrada del suelo donde se quisiera escupir, donde también no se escupiera de paso a la honestidad. La palabra honestidad ha estado y está en la boca de cualquier atorrante que se para en el primer guardacantón y exclama que 'el país necesita gente honesta'. No hay prontuario con antecedentes de fiscal de mesa y de subsecretario de comité que no le hable de 'honradez'. En definitiva, sobre el país se ha desatado tal catarata de honestidad, que ya no se encuentra un pillo auténtico. No hay ladrón que se enorgullezca de su profesión. Y la gente, el público, harto de macanas, no quiere saber nada de esas conferencias. Ahora, yo que conozco un poco a nuestro público y a los que aspiran a ser candidatos a diputados, les propondré el siguiente discurso. Creo que será de un definitivo éxito. Dice:

"Señores,

"Aspiro a ser diputado, porque aspiro a robar en grande y a 'acomodarme' mejor.

"Mi finalidad no es salvar el país de la ruina en la que lo han hundido las anteriores administraciones de compinches sinvergüenzas. No, señores, no es ése mi elemental propósito, sino que, íntima y ardorosamente, deseo contribuir al trabajo de saqueo con que se vacían las arcas del Estado, aspiración noble que ustedes tienen que comprender es la más intensa y efectiva que guarda el corazón de todo hombre que se presenta a diputado.

"Robar no es fácil, señores. Para robar se necesitan determinadas condiciones que creo no tienen mis rivales. Ante todo, se necesita ser un cínico perfecto, y yo lo soy, no lo duden. En segundo término, se necesita ser un traidor, y yo también lo soy, señores. Saber venderse oportunamente, no desvergonzadamente, sino 'evolutivamente'. Me permito el lujo de inventar el término que será un sustitutivo de traición, sobre todo necesario en estos tiempos en que vender el país al mejor postor es un trabajo arduo e ímprobo, porque tengo entendido, caballeros, que nuestra posición, es decir la posición del país, no encuentra postor ni por un plato de lentejas en el actual momento histórico y trascendental. Y créanme, señores, yo seré un ladrón, pero antes de vender el país por un plato de lentejas, créanlo..., prefiero ser honrado. Abarquen la magnitud de mi sacrificio y se darán cuenta de que soy un perfecto candidato a diputado.

"Cierto es que quiero robar, pero ¿quién no quiere robar? Díganme ustedes quién es el desfachatado que en estos momentos de confusión no quiere robar. Si ese hombre honrado existe, yo me dejo crucificar. Mis camaradas también quieren robar, es cierto, pero no saben robar. Venderán el país por una bicoca, y eso es injusto. Yo venderé a mi patria, pero bien vendida. Ustedes saben que las arcas del Estado están enjutas, es decir, que no tienen un cobre para satisfacer la deuda externa; pues bien, yo remataré el país en cien mensualidades, de Ushuaia hasta el Chaco boliviano, y no sólo traficaré el Estado, sino que me acomodaré con comerciantes, con falsificadores de alimentos, con concesionarios; adquiriré armas inofensivas para el Estado, lo cual es un medio más eficaz de evitar la guerra que teniendo armas de ofensividad efectiva; le regatearé el pienso al caballo del comisario y el bodrio al habitante de la cárcel, y carteles, impuestos a los moscas y a los perros, ladrillos y adoquines... ¡Lo que no robaré yo, señores! ¿Qué es lo que no robaré? Díganme ustedes. Y si ustedes son capaces de enumerarme una sola materia en la cual yo no sea capaz de robar, renuncio ipso facto a mi candidatura.

"Piénsenlo aunque sea un minuto, señores ciudadanos. Piénsenlo. Yo he robado. Soy un gran ladrón. Y si ustedes no creen en mi palabra, vayan al departamento de Policía y consulten mi prontuario. Verán qué performance tengo. He sido detenido en averiguación de antecedentes como treinta veces; por portación de armas otras tantas; luego me regeneré y desempeñé la tarea de grupín, rematador falluto, corredor, pequero, extorsionista, encubridor, agente de investigaciones, ayudante de pequero porque me exoneraron de investigaciones; fui luego agente judicial, presidente del comité parroquial, convencional, he vendido quinielas, he sido, a veces, padre de pobres y madre de huérfanas, tuve comercio y quebré, fui acusado de incendio intencional de otro bolichito que tuve... Señores, si no me creen, vayan al departamento de Policía... verán que soy el único entre todos esos hipócritas que quieren salvar al país, el absolutamente único que puede rematar la última pulgada de tierra argentina. Incluso me propongo vender el Congreso e instalar un conventillo o casa de departamentos en el Palacio de Justicia, porque si yo ando en libertad es que no hay justicia, señores..."

Qué no se debe hacer

A lo largo de estas páginas trato de señalar qué hacer para que nuestro país suba a los fulgores de su renacimiento.

Pero también hay cosas que no se deben hacer. Jamás. En nuestra alborada nacional Mariano Moreno esculpió la frase "ni ebrios ni dormidos" para referirse a los cuidados que debemos tener con las instituciones de la república. Creo que muchos la tomaron de forma demasiado restringida, sólo vinculada a los indebidos homenajes que se hacían a Saavedra, porque no están ni ebrios ni dormidos cuando ahora inflingen severas heridas a la patria. Te cuento una de antología.

La Constitución de 1853, sensibilizada por las dramáticas consecuencias que tuvo el otorgamiento de poderes extraordinarios a Juan Manuel de Rosas, estableció —sin cortapisas— que incurrían en el delito de infames traidores a la patria quienes en el futuro concedieran esas facultades al poder Ejecutivo. Según el Código Penal, el castigo es prisión por diez años o perpetua si existiesen otros agravantes. Sin embargo, esta cláusula contra el otorgamiento de poderes extraordinarios fue olvidada en forma repetida a lo largo de nuestra vacilante historia. El abandono del buen camino también cosechó espinas en este rubro. ¿Por qué?

Porque ahora resulta aceptable que el Congreso delegue facultades vinculadas con temas tan sensibles y conflictivos como la negociación de la deuda externa, el establecimiento de alícuotas, exenciones impositivas y la regulación sobre el funcionamiento de varios organismos.

Esta mala práctica, en lugar de corregirse, fue tomada como un procedimiento normal, consuetudinario. Forma parte del arsenal de errores a los que nos resignamos con mansedumbre de corderos y que nos sepultó en el cieno. Para colmo, se intentó borrar con el codo lo que había sido escrito con la mano. En efecto, para cometer el despropósito de cancelar una de las sabias disposiciones de 1853, en la Reforma constitucional de 1994 se apeló a un truco de comité lóbrego. Los constitucionalistas más avispados se daban cuenta de que no podían legalizar el desprendimiento de atribuciones parlamentarias, porque eso no sólo era aberrante, sino un delito grave. Pero querían hacerlo, querían adaptarse al vicio vigente, querían tornarlo legal. ¿Qué truco se mandaron entonces? Abrazarse al recurso de "la emergencia pública". Y establecieron que el Congreso podía delegar sus facultades al presidente de la Nación cuando surgiera esa "emergencia". Por desgracia, no se dieron cuenta (o no quisieron) especificar qué era una emergencia pública, cuál su intensidad ni su específico carácter. Lo único que tuvieron el pudor de consignar era que las facultades a delegar debían ser sólo administrativas y que se estipulasen ciertas condiciones antes de otorgarlas:

un plazo, un marco para su ejercicio, y el firme control de una comisión bicameral permanente del Congreso.

Pero ahí no termina todo, mi lector asombrado. ¡Lo imperdonable es que esa Reforma fue jurada hace más de diez años y todavía nuestros representantes no tuvieron tiempo para constituir la decisiva comisión bicameral permanente de control! ¿Qué te parece? ¡Ningún control!

La nueva norma, impuesta en 1994, corresponde al artículo 76. Como te dije, pretende relativizar la prohibición fijada en 1853, cuya violación implicaba convertirse en un infame traidor a la patria. Al respecto, el constitucionalista Félix Lonigro nos ofreció una glosa sobre la impresionante farsa; dijo que los reformadores debieron haber razonado de la siguiente manera: "si la práctica nefasta existe, regulémosla para evitar mayores abusos. Insólito razonamiento que el día de mañana podría llevar a regular la práctica de los secuestros extorsivos para evitar, por ejemplo, que se secuestren niños o mujeres embarazadas, o que no se pida más que determinada cantidad de dinero en concepto de rescate, o que no pueda mantenerse a un secuestrado más de determinada cantidad de tiempo en cautiverio".

Concluye con la afirmación de que "cuando existe una práctica institucional viciosa, la solución no es encauzarla con reglamentaciones, sino erradicarla". Sí, erradicarla lisa y llanamente. Pero políticos camanduleros, habituados a un toma y daca ramplón, que jamás les deja tomar vuelo, prefirieron blanquear las violaciones que infligimos a nuestra sabia Constitución original.

La nueva situación es horrible, porque quedamos atrapados en una contradicción que producirá meningitis a quienes traten de resolverla. En efecto, por un lado el artículo 29 afirma que los legisladores que voten desprenderse de sus atribuciones a favor del presidente de la Nación cometen delito, y por el otro el artículo 76 los autoriza a hacerlo bajo condiciones imprecisas. Lonigro cerró su crítica con una nota de indignación que comparto. Dijo que si los congresistas ni siquiera cumplen con las mínimas exigencias de la Reforma, como es evidente por su pereza en formar la comisión bicameral de control, "que se nos diga la más absoluta y cruda verdad: que las formalidades constitucionales son absurdas, que no pueden ser tenidas en cuenta en estos tiempos, y que no existe voluntad para fortalecer el sistema republicano de gobierno. Así por lo menos el pueblo sabrá cómo actuar cuando llegue el momento de votar".

Como recordarás, en noviembre de 2004 el Congreso otorgó poderes extraordinarios al jefe de Gabinete para el manejo de la partidas presupuestarias. Hubo un debate largo con iracunda división en las bancadas, pero al final triunfó la orden impartida desde la presidencia de la Nación (es decir, fue consumado el sometimiento del Congreso sin que arda el país). Esta medida significa nada menos que una autocastración del poder Legislativo. Si esto fuese una novedad, sería un hecho extraordinario digno de análisis. Pero el problema es más grave aún porque la emergencia política ha dejado de ser un hecho extraordinario en nuestro país: es una presencia crónica y abominable. Los poderes extraordinarios dan la sensación de que votamos para forjar principados o emiratos —dijo Natalio Botana—, en vez de hacerlo para sostener un régimen de derechos y garantías basados en la irrenunciable división de los poderes. Se transfieren indebidamente funciones parlamentarias al jefe del Ejecutivo y sus ministros. En consecuencia, aumenta la distorsión que padece nuestra república, porque con estas medidas se tiende más y más a esperar todo del Presidente (un rey con nombre de presidente, como decía Bolívar). Y cuando el Presidente no pueda satisfacer las expectativas que genera su omnipotencia, más hondo será el desencanto. Esos poderes pueden convertirse en un boomerang irrefrenable. ¿Lo han pensado esos irresponsables?

También la Reforma de 1994 dio impulso a la perversa modalidad de los decretos de necesidad y urgencia. Como dijimos en el párrafo anterior, tienden a vigorizar el hiper presidencialismo. Junto a semejante calamidad, deterioran la fisiología republicana. Y esto se hace sin estar "ni ebrios ni dormidos", sino muy sobrios, muy despejados y goteando voracidad por el poder. ¿Qué denuestos proferiría Mariano Moreno?

Los decretos de necesidad u urgencia no son inofensivos. Con ellos el Presidente puede modificar a su arbitrio el Código Civil, el Código de Comercio, y las leyes federales que regulan la industria, el agro, la minería, los procedimientos judiciales y cuanta otra materia abarcan las veinticuatro mil leyes sancionadas en el país. ¿Se daban cuenta los constitucionalistas del monstruo que parían? ¿Se daban cuenta que estaban degollando a Moreno, Belgrano, Alberdi y cuanta sensatez se requiere en estos tiempos de nubes espesas?

Gracias a la Reforma de 1994, legislar por decreto desde el poder Ejecutivo se ha tornado una rutina. En diez años se han acumulado 379 decretos de necesidad y urgencia. Todos son de carácter legislativo sobre los que el alebronado Congreso recién toma conocimiento leyendo el Boletín Oficial, de la misma forma que lo hace el ciudadano de a pie. Si todavía tenés la presión arterial en los niveles habituales, te ofrezco un desglose del abuso, para que te des cuenta de cómo las cosas fueron de mal en peor.

En los seis años y medio que Carlos Menem gobernó desde que empezó a regir la nueva Constitución firmó 98 decretos; en dos años Fernando de La Rúa lo superó con la firma de 52; en una semana Adolfo Rodríguez Saá marcó otro avance con la firma de 6 (¡casi uno por día!); en un año y medio Eduardo Duhalde llegó a 152 y Néstor Kirchner, en casi dos años, ya lleva alrededor de 80. Como ves, la inspiración para generar estos decretos debe causar envidia a cualquier artista.

No es todo. Hay que sumar la triste delegación legislativa arrancada a la Corte Suprema con respecto a dos leyes muy importantes. La primera originó la aprobación de 95 decretos modificatorios de leyes, la segunda 66 (de las cuales 40 corresponden al gobierno bonaerense y 26 al santacruceño). En resumen, 161 reformas legislativas fueron hechas por medio de decretos al amparo de la delegación admitida expresamente en la Reforma Constitucional. Más abusos no se hubieran hecho estando ebrios o dormidos.

Agrego que el veto parcial, con promulgación y publicación de las partes no observadas por la ley, dio lugar a otra ristra de excesos. Antes de 1994 la Constitución no lo admitía, aunque en la práctica hubo algunas excepciones (hecha la ley, hecha la trampa). Pero después de la Reforma se contabilizan 103 leyes que fueron parcialmente vetadas por el Poder Ejecutivo, sobre las cuales insistió el Congreso sólo once veces. En consecuencia, 92 normas legislativas quedaron redactadas como lo quiso el presidente, no el Congreso. La suma total arroja 533 leyes que se imparten de acuerdo con el solitario criterio del presidente. ¿Podemos seguir hablando de república?

No es un secreto la desidia que impide reglamentar muchas leyes. Se acusa a la burocracia. Sí, la burocracia es responsable, pero cuando hay una firme decisión política, a la burocracia se le puede meter un tábano en el traste y hacerla funcionar mejor. Como consecuencia de la tardanza, muchas reglamentaciones no sólo se hicieron fuera de tiempo, sino que acabaron muy distorsionadas por regateos políticos con vuelo de cucaracha y estreñida ambición sectorial.

La reforma tan temida

No todo el pueblo es consciente de los manejos que acabo de describir y que erosionan a nuestras instituciones. Pero el pueblo intuye que algo huele mal en el reino de Dinamarca. Por eso las multitudes se volcaron a la calle para gritar "¡que se vayan todos!". Por eso nos da insomnio la peligrosa descalificación de nuestros representantes. Por eso se tornó taladrante la exigencia de que se lleve a cabo una profunda reforma política; es una de las demandas más sonoras de la sociedad. Pero el gobierno y sus apoyos miran para otro lado y la reforma duerme en un oscuro desván.

¿Para qué llevar a cabo una reforma política? Diría que por razones que están a flor de labios. Hay que corregir los vicios de la política criolla; el ciudadano debe dejar de ser estafado y ofendido. El ciudadano debe ejercer una vasta participación. Sus derechos y deberes no deben quedar en la declamación hipócrita. Además, urge un enérgico y confiable control de la gestión pública. También queremos que se vigorice el principio de la ejemplaridad del funcionario, el legislador y el juez. Son objetivos sencillos pero fructuosos. ¿Por qué no los vamos a alcanzar?

Varios aspectos requieren tratamiento inmediato. Entre ellos se destaca el financiamiento de los partidos políticos, que debe pasar de la actual niebla cargada de favores sucios a la plena publicidad y una rigurosa auditoría, tanto pública como privada.

Ya es hora de mostrar el necesario coraje para disminuir el número de legisladores y concejales que abultan los cuerpos legislativos, aunque se lastimen intereses y privilegios atados con cadenas. En otras palabras, tanto el Congreso Nacional como las Legislaturas provinciales y los Consejos Deliberantes deberían cumplir su trabajo con un plantel significativamente menor. Además de achicar costos, su rendimiento sería más alto. Al mismo tiempo, corresponde encoger el número de asesores que asisten a los legisladores.

Se debe recuperar el sentido original de los *fueros*. Ya nos olvidamos que se los creó para garantizar la inmunidad de quien se juega por el bien de la república e impedir que los autoritarios le cierren la boca o le corten la mano cuando lo hace. Los fueros son, por lo tanto, un instrumento a favor de la ciudadanía, no de quien circunstancialmente ocupa un cargo público. No se establecieron para permitir que este individuo encubra sus delitos y fugue de la justicia. No, eso sería inmoral. Se establecieron para que ese individuo defienda a la nación. Cuando deje de hacerlo y, para colmo delinca, merece la pena que se aplicaría a cualquier otro ciudadano.

Un encogimiento de los gastos políticos que realiza el Estado redundaría en el bien del mismo Estado, de la política y de la sociedad. No es un objetivo desdeñable podar con serrucho de buen acero los cargos políticos ociosos que tienden a hinchar su número en forma desmedida con cada nueva administración. Ni hablar sobre la reducción de la publicidad oficial, que es un tema vomitivo para la decencia republicana.

También soñamos con la transparencia en materia de la retribución que perciben los funcionarios. Sus sueldos no deben ser magros como pretenden algunos críticos con un calentador en el cerebro, sino dignos y suficientes para que cada persona se concentre a pleno en sus acciones, pero sin la hipocresía de mantener sueldos nominales bajos que se compensan con los nerviosos sobres que circulan bajo la mesa. El decreto 18.302, de carácter secreto, indicaba pagar sobresueldos de 30.000 pesos (equivalentes a 30.000 dólares) —¡mensuales!— a los ministros del poder Ejecutivo durante la presidencia de Menem. ¿Qué tal?

A propósito de los decretos secretos, recordemos que facilitaron la inmoralidad de enviar armas en forma encubierta a Ecuador durante su guerra con el Perú mientras nuestro país oficiaba de garante de la paz entre ambos países. También decretos secretos permitieron desviar fortunas a la SIDE, para usarlas sin control alguno en vaya a saber qué emprendimientos. La sola palabra "secreto" ya es un baldón inaceptable que exige inmediata corrección. Bloquea la transparencia de una gestión. Y sólo pícaros o giles aceptan que son necesarios para la seguridad nacional, porque lo único que logran es lo contrario.

Los gastos reservados ya han dado mucho que hablar. Demasiado. Son indignantes y nadie los tolera más: conforman una tentación que ofrecen las pezuñas de Lucifer en bandeja de oro. Con esos gastos (que no rinden cuenta, que no se controlan, que nadie registra) son alimentados privilegios y sobornos, se atenta contra el estado de derecho. Excepto las cuentas de defensa que deben mantener su razonable confidencialidad, este rubro ya suma tanta condena pública como para esfumarse rapidito y sin chistar.

Los actos de gobierno mejorarían su calidad si sintiesen el aliento del control sobre la nuca. Un aliento caliente, de animal hambriento. Para ello, además de los organismos dedicados a cumplir esa misión, deben establecerse normas que permitan el libre y completo acceso de los ciudadanos a la información de la gestión pública. Esto no sólo inyectará vitaminas de ética en la sangre de los gobernantes, sino que aumentará la conciencia del ciudadano sobre sus derechos y sobre su real poder.

Con la reforma política también anhelamos que se elaboren los medios que permitan sancionar a quienes confunden a los ciudadanos con promesas impracticables. Sería empezar a condenar debidamente la mentira, pecado que en nuestras costumbres goza de alta popularidad. Deberá sancionarse a quienes pervierten la ayuda social porque la ejecutan a cambio de apoyo político. Eso es detestable y hunde la gente a nivel de la patulea.

El Estado es robado por quienes lo desguazan en forma directa e indirecta. La directa no requiere explicación. La indirecta ocurre cuando los ciudadanos pagan (a menudo más de una vez) y no reciben la devolución merecida, adecuada, a través de los servicios de justicia, seguridad, defensa, salud y educación. El Estado no sólo pierde recursos debido a la corrupción, sino a la ineficiencia. Por lo general su gestión mediocre es debida a que la realizan amigos y amigos de los amigos del poder, en lugar de recurrirse a los millones de argentinos capaces a quienes ni siquiera se les deja asomar la nariz.

Las acciones del Estado deberían saltar a otra dinámica: en lugar de conformar la opiácea tienda donde muchos bostezan atornillados a sus sillas mientras toman café, convertirse en una usina que fomente la productividad, la competencia, la excelencia y la ambición.

¿Sabías que los presupuestos argentinos en materia de justicia, educación y salud son proporcionalmente idénticos a los de países como Francia y Alemania? ¿Por qué allí rinden tanto y aquí tan poco? No hace falta que gaste palabras en una respuesta obvia. La sociedad —que suele confundirse pero a menudo recupera la visión— tiene la percepción objetiva de que esos presupuestos no alcanzan en la Argentina porque se ejecutan mal, porque son dispersados y robados por una política senil y camandulera. Alimentan negocios de funcionarios, de la burocracia, del clientelismo político, de sus punteros, caudillos y caciques. Los controles que ahora rigen no son eficaces; sólo sirven para fastidiar al ciudadano de a pie, honesto y trabajador, mientras permiten los caudalosos enjuagues de quienes empuñan "la sartén por el mango y el mango también".

¿Te das cuenta, mi irritado lector, por qué existe tanta resistencia de nuestros dirigentes a efectuar una buena reforma política? En fin, ¡qué bronca dan los personajes y corporaciones que, debido a sus malditos intereses, ponen freno a la locomotora del crecimiento nacional! Sueño que algún día un núcleo de dirigentes responsables consiga persuadir al resto de la nación sobre la conveniencia de pactar una estabilidad a largo plazo basada en una moderna e inteligente reforma política.

También debemos decir algo sobre un tema que aún infecta la cabeza de muchos políticos: el afán por volver a estatizar o crear nuevas empresas estatales. Son ideas que causan risa en los países exitosos. Pero aquí forman parte de algunas plataformas seniles que, para colmo, se consideran patriotas y no reparan en el daño que le hacen al país. Veamos qué dice al respecto el lúcido Alberdi:

"El gobierno no ha sido creado para hacer ganancias, sino para hacer justicia. No ha sido creado para hacerse rico, sino para ser el guardián y centinela de los derechos del hombre, el primero de los cuales es el derecho al trabajo y la libertad de industria. (...) Un gobierno que además de sus ocupaciones de gobierno abre almacenes, emprende caminos, establece líneas de vapor, se hace asegurador de buques, de casas y de viviendas, todo con miras de explotación y ganancias, aunque sean para el Estado, y todo por conducto de funcionarios comerciales o de comerciantes fiscales y oficiales, ni gobierna, ni gana, ni deja ganar".

¿No deberían ser los libros de Alberdi de lectura obligatoria para quienes aspiran a gobernarnos?

Pero no te vayas: falta otro punto muy sensible.

Me refiero a los empleados de la administración pública. Ellos no son el cáncer, porque también padecen el cáncer que carcome a nuestro Estado. La reforma debería ayudar en forma decidida a la jerarquización de la función pública, tan criticada y criticable, tan impotente. Quiero decir: pagar mejores salarios a gente mejor capacitada. Gente que haya pasado por una cuidadosa selección, que tenga un macizo entrenamiento, que sea sometida a exámenes periódicos de eficiencia y que anhele ascender gracias al mérito, no sólo por los años consumidos tomando café y tejiendo influencias para obtener la maldita gracia de un funcionario. Si queremos empleados calificados y responsables hay que empezar por pulverizar los privilegios que llevaron a la actual mediocridad. También los empleados deben reconocerse a sí mismos como actores felices de una noble tarea. Tendrían que apoyar las exigencias intelectuales y operativas que demande el continuo mejoramiento de su función, porque eso elevará su autoestima.

Por supuesto que la sísmica renovación del plantel debería realizarse con prudencia a fin de no perjudicar a quienes se alejen. No demorarse en el despliegue de las sabias medidas de contención. Por ejemplo, durante un período significativo no se les cancelará los salarios. Al mismo tiempo se los capacitará y brindará incentivos para que sean contratados en las empresas privadas. Esta reforma podría significar el ahorro de casi 4 mil millones de pesos, sin contar los beneficios que se verterían sobre el conjunto social.

Más picotazos de la anomia

Con este rubro estamos familiarizados. ¡Sobran ejemplos para llenar una enciclopedia!

Porque para violar la ley somos campeones.

Vayamos al caso de los mandatos presidenciales: desde 1930 casi nunca llegaron a su término, ni siquiera los producidos por golpes de Estado con clarín y trompeta. De éstos, sólo Rafael Videla se mantuvo el tiempo prefijado. Desde el segundo ejercicio de Hipólito Irigoyen hasta Néstor Kirchner ya suman 32 presidentes en 73 años, es decir, hemos disfrutado el anémico promedio de un presidente cada dos años más o menos. Lo terrible es que de esa cifra sólo alcanzó el final de su mandato la minúscula cantidad de cinco. ¡Cinco presidentes sobre 32! Vale la pena recordarlos: la primera presidencia de Perón, las dos de Menem, Agustín P. Justo en la década de los 30 y el dictador Videla. Pero voceémoslo en forma más elocuente: 29 presidentes no pudieron concluir sus mandatos respectivos, lo que representa un 93,25%, nivel que deja sin aliento cuando

pensamos en la urgencia de construir la estabilidad jurídica de nuestra nación.

Otra forma de violar la Ley (con mayúsculas) es mediante el bastardeo de la ley (en minúscula). Me refiero a las to-
rrentosas medidas que mancillan con desfachatez la letra y
el espíritu de la Constitución que nos lanzó a la prosperidad. Ejemplo: la codicia por eternizarse en el poder. Esto ha
contaminado a las Constituciones provinciales luego de la
Reforma de 1994, que autorizó la reelección del presidente. Las peligrosas reelecciones no existían en la Argentina,
y la que impuso Juan Perón fue luego anulada. El modelo
reeleccionista que nos encajaron con la Reforma de 1994 se
reprodujo rápido, como sucede con la mala hierba.

Recuerdo que un hombre tan abierto y progresista como Galbraith dijo que las democracias sufren la amenaza de un factor poderoso llamado "la ignorancia de las
multitudes". La ignorancia es el instrumento mejor apro-
vechado por los caudillos manipuladores, quienes además
no tienen escrúpulos en montarse sobre la consolidada de-
formación consagrada por Simón Bolívar: "no será legal,
pero es popular". Nos han convencido de que en nombre
del pueblo se puede cometer cualquier desaguisado, sin
atender al hecho tantas veces demostrado que el pueblo no
es infalible ni coherente. No hace falta recordar una y otra
vez que los alemanes votaron a Hitler; aunque no le dieron
la mayoría absoluta, es cierto, ganó suficientes sufragios
para ser ungido Canciller y convertirse en el Führer que in-
moló no sólo a Europa, sino a su propia nación.

En la Argentina ahora los caudillos provinciales son
producto del voto, no de la montonera (¡qué alivio!, es un
progreso). Pero construyen burocracias adictas y cancero-
sas, amordazan la justicia, controlan la prensa, encubren

los delitos de sus fieles y montan un clientelismo esclavo. Los subsidios, las prebendas y los puestos públicos operan como cadenas del imponente trono. Cuando algunos de sus crímenes se tornan insoportables, estallan marchas y protestas. Claro, lo hacen quienes antes aplaudieron. Por eso a menudo esos reinados terminan en frustraciones ásperas, difíciles de digerir.

Las reformas constitucionales de las provincias no apuntaron a la excelencia institucional. No. Apuntaron en forma desvergonzada a permitir la reelección de quien estaba en el poder. Ningún gobernador tuvo la grandeza de proponer la reelección para otro, excluirse en los comicios siguientes y demostrar que lo había implementado para bien de la sociedad, no de su ambición egoísta. Ninguno.

El embate contra la alternancia del poder fue por lo general realizado en dos actos, como si al principio hubiera existido cierta pudibundez heredada de las disposiciones establecidas en 1853. En el primer acto se autorizaba la reelección para un segundo período, nada más. Pero después, envalentonados por la falta de sanciones a semejante abuso, vino el segundo acto, en el que se establecía sin sonrojo la reelección eterna.

Se excusa cada agravio contra la república con el fatigoso concepto —tan trillado como mentiroso— de que nadie puede objetar "la voluntad del pueblo". Y es interesante observar cómo los argentinos nos sometemos al disparate, porque desde hace décadas venimos intoxicándonos con ideologías populistas que lo único que hacen es abusar del pueblo utilizando su nombre. Desde los estudios de Jacques Le Bon y Sigmund Freud se sabe que las masas no razonan ni piensan con objetividad. Pierden la diferenciación del individuo, que es la más alta conquista del hombre; se les difumina el pensamiento lógico y quedan a merced de la emotividad primaria. Son capaces de acciones heroicas o abyectas según lo ordene la sugestión del líder.

La reelección indefinida es un insulto. No se establece en cualquier país ni en cualquier provincia, claro. Por lo general es más fácil en las regiones más pobres, aisladas, analfabetas y engrilladas al salario estatal. El oprobio resultaría más difícil en la ciudad de Buenos Aires, para sólo dar un ejemplo. Pero no tuvo dificultades en cinco provincias: Santa Cruz, Catamarca, Formosa, La Rioja y San Luis.

¿Reflejan estas provincias un importante atraso con respecto a la Capital Federal y a los países más adelantados donde la reelección indefinida sería tomada como una iniciativa propia de los salvajes? Lamento decir que sí, porque yo soy provinciano. Soy cordobés y me duele que en mi provincia también se haya reformado la Constitución para autorizar la reelección.

¿Cuáles son los beneficios de la reelección indefinida que los constituyentes no han tenido empacho en sancionar? ¿Un fortalecimiento de las instituciones? ¿Un mejor control recíproco de los tres poderes? ¿Más independencia de la justicia? ¿Más libertad de prensa y de expresión? ¿La deseada renovación de la dirigencia política? Por supuesto que no. Suena a risa creer que ésos serían los beneficios. Los beneficios son un aumento del nepotismo, el sometimiento popular, el enriquecimiento ilícito, la corrupción. Sigue teniendo vigencia la acerada frase de Lord Acton: "El poder corrompe y el poder absoluto corrompe absolutamente".

Como recordatorio didáctico me permito memorizar que uno de los primeros viajes que hizo el presidente Néstor Kirchner apenas asumió fue a la ciudad de Formosa. Quería dar su apoyo al gobernador local, quien pugnaba por conseguir la reelección indefinida. Kirchner era coherente, porque la había impuesto en Santa Cruz y por eso fue electo tres veces. Pero Formosa, a diferencia de Santa Cruz, es una de nuestras provincias más pobres, acusada de algo escandaloso: pagar los sueldos más altos del país a sus funcionarios políticos. La Convención Constituyente provincial tuvo un final problemático porque se retiraron los dos bloques de la minoría, decididos a exigir que los organismos federales declarasen la inconstitucionalidad del nuevo texto por ser "la Constitución del oprobio". No sólo criticaban la reelección eterna, sino la eliminación de controles a los préstamos nacionales o internacionales que realizaría el poder Ejecutivo en el futuro. Una pinturita.

Para agregar un adicional toque de color a este patético paisaje no me resisto a reproducir el término acuñado por Carlos March, director de Poder Ciudadano, al recordarnos el agravio que sufrió el actual gobernador de Santa Cruz Sergio Acevedo antes de asumir. El término acuñado es *prestocracia*. Te lo explico. El flamante presidente de la Nación, Néstor Kirchner, que había gobernado la provincia desde 1991 hasta 2003, le desaprobó casi todo el gabinete provincial que había designado, diciéndole estas palabras memorables: "Sergio, yo no te doy la provincia, te la *presto*"... Antológico, ¿verdad?

Tan escaso fue el interés de los constituyentes provinciales por jerarquizar la ley y mejorar la calidad de las instituciones, por favorecer la participación ciudadana y el control de la gestión pública, que deberían ser recordados como bribones. La baja calidad de su desempeño causa estupor. Poder Ciudadano difundió un cuadro que hiela la sangre; no hace falta agregar nada para comprobar que el calificativo de bribones les calza como guante. Reproduzco ese impresionante cuadro: luego de las reformas provinciales la consulta popular no es tenida en cuenta en 12 provincias; 19 no incluyen el referéndum; 23 provincias no contemplan la audiencia pública; tampoco 23 incluyen el presupuesto participativo; 19 no incorporan la revocatoria de mandato; 12 no incluyen el derecho a la información; 20 no atienden la revocatoria de una ley; en 10 provincias no se obliga a la publicidad de los actos de gobierno y 22 no contemplan la carta de compromiso con el ciudadano. En consecuencia —termina el informe— "sin alternancia en el poder y sin espacios para la participación en las provincias, intentar cambiar la democracia en el nivel nacional sería como aumentarle la anestesia a un muerto".

El entuerto de la deuda

Hay burla a la ley cuando nos resistimos a honrar las deudas. Una cosa es lamentarlas, sentir su peso, criticar su formación, buscar la manera de pagarlas con el menor perjuicio y en la forma más conveniente, negociar con talento y perspicacia. Pero otra cosa, muy diferente, es celebrar la ruptura unilateral de las obligaciones, como si fuese algo menor.

En su alucinante semana presidencial Adolfo Rodríguez Saá dijo ante la Asamblea Legislativa: "Vamos a tomar el toro por las astas: ¡No se paga más la deuda externa!". Casi todos (parece que todos) los parlamentarios se pusieron de pie para aplaudir frenéticamente, jubilosos, durante históricos minutos que fueron filmados. Ese acontecimiento dio la vuelta al mundo. Por doquier se asumía que los argentinos festejamos la deshonra de los contratos y la falta de cumplimiento a la palabra empeñada.

Pocos días después muchos tomaron conciencia del desatino y la mayoría de los legisladores negó haber aplaudido. ¿Quién lo hizo entonces? Seguro que algunos fantasmas.

¡Qué diferencia con las personalidades de nuestra historia que enfrentaron situaciones parecidas, pero lo hicieron con responsabilidad! Ante una amenaza de default en 1874, Nicolás Avellaneda dijo que pagaría "aun con el hambre y la sed de los argentinos". Su expresión dura y muy jugada es un antónimo exacto de lo que se expresa ahora, y que festejamos como una manifestación de patriotismo y coraje macho.

Una situación parecida se reprodujo en 1890. Carlos Pellegrini afirmó que para honrar la deuda "remataría, de ser necesario, hasta la Casa de gobierno".

Dudo que Avellaneda o Pellegrini hubieran llegado a esos extremos, pero la sonoridad de sus frases tuvo un fértil impacto: mostraba la voluntad de pagar. Era la voluntad de los hombres decentes, confiables. Por eso ganaron la simpatía y el apoyo de los acreedores, lo cual facilitó un arreglo conveniente para nuestro país. Por eso la Argentina siguió siendo parte del club de los países exitosos.

Ambos se habían inspirado en Juan Bautista Alberdi, que entonces los buenos políticos leían con fruición. Había dicho el tucumano: "...será preciso que los gobiernos argentinos sean muy ciegos para que desconozcan que faltar a sus deberes en el pago de los intereses de la deuda es lo mismo que envenenar el único pan de su alimento y suicidarse; es algo más desastroso que faltar al honor; es condenarse a la bancarrota y al hambre".

La desafiante declaración de Adolfo Rodríguez Saá fue lanzada a fines de 2001, cuando la deuda ascendía a 122.000 millones (ahora ya araña los 200.000). No había ningún vencimiento inminente que justificara su explosión de deshonestidad. Fue un gesto demagógico y, como todos los gestos demagógicos, perjudicial a mediano plazo. Era translúcida su mala fe y su intención de no asumir los deberes que en su momento comprometió el país, de buena o mala forma. No propuso negociar: pateó el tablero. Y eso no sirvió al país.

La Argentina viene endeudándose desde hace 180 años. Pero hubo épocas en que el crédito se usó para el desarrollo y épocas en que se lo despilfarró en forma inicua. No toda deuda es maligna, porque, formulado de otro modo, deberíamos caer en el absurdo de que todo crédito es maligno. Qué se hace con el crédito es responsabilidad de quien lo recibe. En otras palabras, los argentinos nos endeudamos mucho o poco a lo largo de nuestra historia como lo hacen todos los países del planeta. Pero en ciertos períodos hicimos un excelente uso del crédito y en otros cometimos errores gravísimos. Debemos superar la tendencia a meter todo en la misma bolsa, sin el debido análisis. Y ni hablar del arraigado vicio a trasladar la culpa hacia fuera. Siempre hacia fuera.

Supongo que estamos de acuerdo, mi lector alerta, en que esa deuda es ilegítima en gran parte. Estamos de acuerdo en que bloquea nuestro crecimiento. Estamos de acuerdo en que debamos salir del default, recuperar el crédito y sacarnos del cuello la soga que nos asfixia. Pero lo debemos hacer con responsabilidad, con el fino cuidado de un cirujano experto, con la sabiduría de los diplomáticos ahítos de experiencia. Con frases como las de Avellaneda y Pellegrini.

Los organismos financieros internacionales merecen una crítica severa, desde luego. Fueron creados para asegurar un adecuado nivel de liquidez internacional, fomentar el intercambio y asegurar el desarrollo de todas las naciones.

Lo hicieron mal, se equivocaron mucho. Ahora piensan cómo dibujar "deudas sostenibles", cuando en verdad deberían dedicarse a dibujar "desarrollos sostenibles". Pero para eso no debían aplaudir a los gobiernos corruptos y populistas que aumentaron las deudas para mantenerse en el poder. Había que auditar con firmeza y buen criterio. Los famosos "ajustes" debían ser explicitados con maestría, para conseguir el consenso de la ciudadanía, para que se entendiese qué pasaba y qué iba a pasar. En cambio, cuando esos organismos facilitaban préstamos y maniobras a quienes no los merecían de verdad, infligían un grave daño a millones de personas. Su arrepentimiento y debida corrección todavía es una asignatura pendiente.

El juez federal Jorge Ballestero señaló que "ha quedado evidenciado en el trasuntar de la causa, la manifiesta arbitrariedad con que se conducían los máximos responsables políticos y económicos de la Nación". También la corresponsabilidad de los organismos financieros multilaterales y de la banca internacional. "Esas irregularidades no podían pasar desapercibidas por las autoridades del Fondo Monetario Internacional, que supervisaban las negociaciones económicas."

En consecuencia, la culpa no es de una sola parte. Pero de ninguna forma debemos olvidar la nuestra. No nos han "obligado" a contraer esa deuda. No nos pusieron el revólver en el pecho para endeudarnos de la forma en que lo hicimos. No somos ángeles. La honestidad en los planteos también nos ayudará a encontrar más rápido la solución deseada.

Hace muy poco, el 1° de marzo, el presidente de la Nación informó a la Asamblea Legislativa que salimos del default y se ha reestructurado la deuda. Significaría que la Argentina vuelve a estar inserta en los mercados internacionales de crédito y se podrán discutir mejor las políticas de crecimiento. Pero habló en una forma rencorosa y triunfalista, lo cual no contribuye a ganar la confianza de un mundo que nos considera inestables y fallutos.

También asestó un golpe al estado de derecho, porque aseguró que "no vamos a quedar atados a contratos del pasado", que reestatizará un servicio público "cuando convenga" y que no aceptará la injerencia de "tribunal ni árbitro alguno", sin tener en cuenta que el Estado argentino había firmado en la década pasada más de cincuenta tratados bilaterales de inversión (TBI) que siguen vigentes porque, curiosamente, la Argentina jamás los denunció.

En otras palabras el tema sigue quemando.

Enseñanzas de un malhechor

¿Cómo no vamos a burlarnos de la ley si tenemos metidos hasta la más escondida gruta del alma los consejos del Viejo Vizcacha? Borges escribió que "El ya inmortal e inamovible Viejo Vizcacha influye en el gobierno de esta república más que Sarmiento".

Hagámosle una visita en *La vuelta de Martín Fierro*, donde su perfil adquiere la consistencia del quebracho.

> *Atención pido al silencio*
> *Y silencio a la atención,*
> *Que voy en esta ocasión,*
> *Si me ayuda la memoria,*
> *A mostrarles que a mi historia*
> *Le faltaba lo mejor.*

Al personaje llamado Viejo Vizcacha lo introdujo la mala justicia, que decidió ungirlo tutor del segundo hijo de

Martín Fierro. El poema describe con buril fino las iniquidades del juez y el desamparo del joven. El horrible y flamante tutor

Pronto mostró la hilacha;
Dejaba ver por la facha
Que era medio cimarrón,
Muy renegao, muy ladrón,
Y le llamaban Vizcacha.

Viejo lleno de camándulas,
Con un empaque a lo toro;
Andaba siempre en un moro
Metido en no sé qué enriedos.

Andaba rodiao de perros,
Que eran todo su placer,
Jamás dejó de tener
Menos de media docena.
Mataba vacas ajenas
Para darles de comer.

Ése fue el hombre que estuvo
Encargao de mi destino.
Siempre anduvo en mal camino,
Y todo aquel vecindario
Decía que era un perdulario,
Insufrible de dañino.

Cuando el Juez me lo nombró,
Al dármelo de tutor,
Me dijo que era un señor

El que me debía cuidar,
enseñarme a trabajar
Y darme la educación.

Pero qué había de aprender
Al lao de ese viejo paco,
Que vivía como el chuncaco
En los bañaos, como el tero.
Un haragán, un ratero,
Y más chillón que un burraco.

Tampoco tenía más bienes
Ni propiedá conocida
Que una carreta podrida
Y las paredes sin techo
De un rancho medio deshecho
Que le servía de guarida.

...y cuando se ponía en pedo
me empezaba a aconsejar.

"Hacete amigo del Juez,
No le des de qué quejarse;
Y cuando quiera enojarse
Vos te debés encoger,
Pues siempre es güeno tener
Palenque ande ir a rascarse."

"Nunca le llevés la contra
porque él manda la gavilla.
Allí sentao en su silla
Ningún güey le sale bravo.

A uno le da con el clavo
Y a otro con la contramilla".

"Hacete amigo del juez" es un verso más preciso que una colección de tratados. Hernández tuvo en esas palabras uno de sus aciertos más resonantes, porque pergeñó una frase que atraviesa los siglos. Deja en claro que poco interesa la ley, a la que ni se menciona. Sólo interesa, por el contrario, el ser humano corruptible, con el que se puede negociar cualquier delito. Nada poderoso planea sobre la sociedad ni las instituciones. La ley carece de majestad y de respeto, no tiene la consistencia del diamante ni de la roca, es apenas arcilla moldeable o arena que se puede espantar de un soplo.

Esa distorsión nos llega de lejos, del absolutismo monárquico. Durante la colonia se solían hacer juicios de residencia a los funcionarios designados por la metrópoli que terminaban su gestión. Cualquier funcionario sabía que no era importante demostrar el cumplimiento de una tarea eficiente, sino sumar amigos con influencia en la Corte de Madrid. Había que ser "amigo del juez". Hasta el día de hoy se sabe que nada es más eficaz que buenos amigos en la Corte (de la Justicia o del Ejecutivo).

La honestidad tiene mucho riesgo

Como resultado de la sistemática violación a la ley y de confundir la justicia con los personajes que la ejercen, no es de extrañar que entre nosotros el crimen goce de maravillosa salud. Es tan apreciado el delito hábil que quienes se atreven a ir en contra de él pueden terminar muertos, como los que se sublevan contra los capos de una mafia. Veamos un ejemplo reciente que te deja patitieso.

Hace poco más de diez años estalló el escándalo de las coimas pagadas por IBM a altos funcionarios del Banco Nación. Gracias a la tarea arriesgada del periodista Santiago Pinetta el Estado argentino pudo recuperar 7 millones de dólares. Pero esto no fue premiado por nadie. Jorge Urien Berri, en septiembre de 2004, describió la dramática situación en que vive ese periodista por haber "cometido" la denuncia.

Fue el único caso registrado en el que se pudieron recuperar parte de las coimas. A una década de su acción al servicio de la justicia, con 71 años de edad, Pinetta sobrevive sin trabajo, sin jubilación y a punto de ser desalojado de su vivienda. Es un profesional que había fatigado las redacciones de importantes medios periodísticos desde 1945; fue corresponsal de publicaciones extranjeras y autor de *El final de un brujo*, sobre la nefasta Triple A creada y estimulada por el secretario privado de Perón.

Como recuerda Urien Berri, la de IBM-Banco Nación fue una historia de muertes y de millones de dólares negros que fluyeron por circuitos financieros similares a los usados en el contrabando de armas y el contrabando del oro, contrabandos que produjeron mucha fiebre en los medios de comunicación e insomnio tenaz a sus protagonistas. Los tres escándalos tuvieron su pico en 1994.

Por si olvidaste algunos detalles importantes, resumo lo esencial. En 1993 el Banco Nación licitó la informatización de sus 525 sucursales en todo el país, que ganó IBM en febrero del año siguiente. El denominado Plan Centenario era un negocio elaborado por el Banco Nación que ascendía a los 240 millones de dólares; en esa cifra se incluían 37 millones destinados a las coimas.

Para ganar la licitación IBM pagó 21 millones a funcionarios nacionales a través de dos empresas (ignoro qué pasó con la diferencia). Ese enorme monto de dinero fue canalizado al exterior por el desaparecido Banco General de Negocios de los hermanos Carlos y José Rohm. Genaro Contartese, ex director del Banco, confesó haberse alegrado con la gratificación del millón y medio de dólares que le fue adjudicada. También quedaron enredados Juan Carlos y Marcelo Cattáneo. Este último apareció colgado junto al río con un recorte periodístico sobre el caso metido en la boca.

Santiago Pinetta era entonces periodista independiente. Investigó el monumental Plan Centenario y descubrió que IBM se hizo confeccionar un traje a medida para la licitación, en la que sólo ella podía ganar. Exploró a fondo y escribió el libro *La nación robada*, que presentó a varias editoriales. Una tras otra rechazaron el texto por razones que no explicaron (¿el miedo no es estúpido, quizás?) y entonces decidió seguir el camino más espinoso, pero posible: hacer una vaquita entre amigos hasta lograr publicarlo por su cuenta. Con la mejor predisposición supuso que el unánime rechazo editorial se debió a que "la perla del caso IBM-Banco Nación recién se encuentra al promediar la lectura", precedida y continuada por otros enfoques de la corrupción que padecía entonces el país.

El libro vio la luz en el momento oportuno: un mes antes de la firma del acuerdo entre IBM y el Banco. Pero la firma tuvo lugar sin tropiezos, lo cual indica que no fue tenido en cuenta por casi nadie. Sólo lo había comentado la revista *Humor.*

La justicia no quiso actuar. Ésa es la palabra: no quiso. ¿Por qué? Por lo siguiente:

Pinetta regaló copias a varios jueces federales y, como no se iniciaba ninguna investigación, redactó una denuncia judicial que entregó en mano a un fiscal de Cámara; éste la leyó con creciente inquietud y dijo mirándolo a los ojos: "Retirala, Santiago, te va a llevar a la Chacarita". Pinetta decidió correr el riesgo y la dejó en los tribunales, osadamente. Le correspondía actuar al juez Adolfo Bagnasco, quien decidió que por el momento durmiese en un cajón de su juzgado.

La tarea del periodista empezó a trascender cuando lo agredieron en plena calle, en la esquina de Loria y Rivadavia, donde fue reducido a golpes y patadas, sin explicación alguna.

En apariencia las cosas quedaron ahí, pero en septiembre del siguiente año desembarcaron agentes del FBI, que allanaron IBM, puesto que la ley norteamericana prohíbe la coima a sus empresas. Esto determinó algo que no parece casual: el juez Bagnasco recordó la denuncia de Pinetta y fue enseguida a buscar documentos al Banco Nación.

A las seis de la tarde del 16 de septiembre Pinetta sufrió el segundo ataque en avenida Callao, entre las calles Rivadavia y Mitre: un taxi le pasó por encima. No murió por casualidad. Fue internado en la Clínica Colegiales con 14 fracturas y confiesa que allí, evocando las lápidas de la Chacarita, se acordó de lo que le había dicho el fiscal.

En 1996 sufrió un tercer atentado. Lo engatusaron con el argumento de un reportaje y, cuando recibió en su casa a los entrevistadores, le dieron una trompada de hierro en la cara que le hizo saltar casi todos los dientes.

Ese año se produjo una cuarta agresión: fue el 31 de julio. Caminaba por Corrientes cuando lo empujaron al suelo y lo desmayaron con un alud de golpes. Despertó en el hospital Ramos Mejía. Tenía tajeado en el pecho, con bisturí, la sigla "IBM". El entonces jefe de la Policía Federal dijo que la víctima se la había escrito a sí misma...

Como resultado de la intervención del FBI y la acción de la prensa, el caso de corrupción fue finalmente probado de manera redonda y sus protagonistas sancionados, aunque no con la severidad que esperaba el periodista quien, después, nunca volvió a conseguir un trabajo digno.

¿Paranoia?

La debilidad de la ley es un estímulo para los vendavales del caos. La inseguridad ha mordido los huesos de nuestro país. Estamos sufriendo las consecuencias de haber sido negligentes.

¿Quién no sabe que es mejor prevenir que curar? Pero prevenir el caos y la inseguridad requiere una justicia confiable, enérgica. No la hemos tenido y ahora pagamos. Ahora debemos curar, y eso no sólo es más difícil, sino más doloroso.

Jorge Guinzburg afirma que "el miedo, como Dios, es argentino". Y lo explica con una picardía siempre oportuna para digerir la hiel de su pensamiento lúcido y franco. Dijo más o menos que, después de cinco minutos de ver cómo su cuerpo se convulsionaba sobre el diván, el terapeuta no tuvo más remedio que preguntar qué le pasaba. Respiró aliviado cuando le contó que temblaba de miedo, no de frío…

Recordó entonces el paciente que, como buen argentino, siempre le hicieron sentir miedo. ¿Siempre? Sí. Desde muy chico le hicieron temerle al Cuco, al Hombre de la bolsa y a los gitanos que se llevaban a los niños que, como él, no se portaban bien. Tampoco faltaban las historias de guardabarreras que se quedaban dormidos o estaban borrachos y de barberos a los que se les iba la navaja y desfiguraban al cliente. Por lo tanto era imposible no rogar por la sobriedad y la vigilia del que había dejado la barrera abierta cada vez que el colectivo en el que uno viajaba cruzaba las vías del tren o no sentir escalofríos cuando el peluquero, con su arma letal, quitaba los restos de pelusa en su cuello.

Ya adulto, los años del autodenominado Proceso le dieron a sus miedos tal realismo que la posibilidad de ser paranoico hubiera sido motivo de alegría. Con la vuelta de la democracia, los miedos eran otros: cada levantamiento carapintada nos hacía temblar con la posibilidad de un regreso al pasado. Ahora, con la madurez que dan los años y ya consolidada la democracia, los temores deberían haber dejado paso a la seguridad, al tiempo de disfrutar los logros. Pero no, porque uno es argentino y está condenado al temblor perpetuo —seguía diciendo Jorge desde el diván—. Desde el pánico a un secuestro y perder alguno de los dedos que tanto uno quiere, hasta que sus hijos le digan que se quieren ir del país, todo da para el sobresalto.

Larga es la lista a la que, con toda seguridad, cualquiera podría agregar otros motivos de pavura. Por ejemplo, al pasar cerca de una calle cortada presentir que le van a romper el auto a palazos y encima va a ser televisado cuando le caen sobre la cara los últimos restos del parabrisas. Llámeme cobarde, doctor —seguía—, pero me asusta detenerme en los semáforos durante la noche. Cada vez que entra un cliente nuevo a un restaurante en el que estoy pienso que va a sacar una pistola y nos va a desvalijar. Me atormenta morir intoxicado porque en el supermercado, por las noches, cortaron la cadena de frío para ahorrar energía. Me da escalofríos tener que llamar una ambulancia y comprobar que el médico que llega en realidad es sólo un chofer. Cada vez que voy a una farmacia presiento que no van a aceptar la receta de la obra social; o me van a entregar medicamentos genéricos que no tienen la droga que necesito. Me aterra pensar que me van a dar el vuelto con billetes falsos o, peor aún, yo mismo sin saberlo voy a pagar con plata trucha y terminaré mis días en la misma cárcel que Soldán.

Desconfío sobre el número de calorías de los productos light. Siento pavor al subir a un taxi de la calle imaginando que el chofer es un ladrón que se apropió del vehículo sólo para asaltarme y sé que, también él, cada vez que sube un pasajero teme ser asaltado. Me obsesiona perder el último colectivo de la noche y ser robado siete veces antes de llegar a casa caminando.

Me espanta pensar en el sereno del edificio, ése que siempre me saluda tan amable, termine robándome, matándome o violando a mi mujer. Recelo, cada vez que recurro a un abogado, imaginando que terminará pactando con la otra parte.

Me aterroriza que mis hijos den una vuelta manzana en bici, que me pare la policía, que vuelvan a votar a los que se fueron, que tomen mi casa, quedarme sin trabajo, que el celular me provoque una enfermedad terminal, que un virus me borre el disco rígido, perder el D.N.I. y que tarden un año en entregarme otro, poner los ahorros en el banco, dejarlos en casa. Eso sí, más allá de estas cosas, no me asusta nada.

De pronto, mientras hablaba, un ruido extraño lo distrajo en medio de la sesión. Jorge se incorporó y descubrió que su terapeuta también temblaba.

Seguridad, divino tesoro

En la Argentina nos jactábamos de vivir en un país seguro. "¡Qué tiempos aquellos!" Las noticias sobre las medidas que se adoptaban en otros países de América latina por robos, asaltos y secuestros nos parecían horribles y pintorescas a la vez, algo que jamás ocurriría en nuestros pueblos y ciudades, donde los ciudadanos y hasta los jóvenes podían circular tranquilos hasta avanzadas horas de la noche. Las noticias sobre barrios cerrados, precaución contra el arrebato de carteras y joyas, la contratación de guardianes privados, la construcción de cercos a las viviendas como si fuesen cárceles, adquirir automóviles con vidrios polarizados y hasta blindaje contra balas eran noticias que recibíamos como excentricidades propias de países muy atrasados, donde la violencia tornaba imposible vivir. Los argentinos nos considerábamos incapaces de poder adaptarnos a tantos cerrojos. Era inimaginable que esa desgracia se abalanzaría sobre nosotros con el peso de un alud. Y que haríamos lo mismo que antes nos parecía absurdo. Y que nos adaptaríamos. Y nos resignaríamos.

Pero ahora, que cruje la adaptación, algunos cuestionan la resignación, porque subleva tanto retroceso. No se trata sólo de robos y de asaltos, sino de secuestros que acaban con la mutilación o el asesinato de las víctimas. Comenzaron entonces las protestas, los debates, las exigencias. Y el tema de la seguridad se instaló con tanta fuerza que en un reportaje yo llegué a decir que los argentinos somos prisioneros de los delincuentes. No fue inexacto. Es evidente que ya no podemos caminar tranquilos, de noche se han dejado de respetar los semáforos, se teme dar el domicilio, nadie puede decir "a mí no me va a pasar".

El Estado (justicia y fuerza de seguridad incluidos), que debe proteger a la ciudadanos, parece más interesado en proteger a los criminales. Es una percepción que aumentó sus decibeles y lleva a tendencias irracionales como, por ejemplo, querer hacer justicia por mano propia. Para complicar el tema ha ganado espacio un estilo llamado "garantista", es decir, que se preocupa por defender el derecho de los individuos frente a la prepotencia y las injusticias del Estado. ¿Esto es criticable? No. Fue un gran avance haber conseguido que nadie sea considerado culpable *a priori*. Cuando salimos de la dictadura, el Estado y sus fuerzas de seguridad tenían el estigma de ser monstruos arbitrarios que cometían atrocidades sin límite alguno. Era por lo tanto saludable poner el Estado y sus fuerzas de seguridad en el sitio que correspondía. Pero el "garantismo" tiende a llevarnos hacia el otro extremo: un Estado ausente, que ni siquiera brinda amparo al ciudadano común. Del intolerable clima padecido durante la dictadura saltamos a un clima permisivo que también se ha vuelto intolerable. Una cosa es convertir en culpable a cualquier sospechoso y castigarlo sin pruebas, otra es no fijarse en los sospechosos ni tomar las medidas que previenen el delito.

Recuerdo el caso de una persona que asaltó a un automovilista apuntándole con su arma. El asaltante pudo ser reducido, pero en el juicio no se consideró un agravante que haya portado el arma y que estuviese cargada porque —sostuvo su eficaz defensa— "no la usó". Si la hubiese disparado y asesinado al automovilista, habría merecido una pena importante, pero como le quitaron el revólver y no consiguió disparar, entonces pasaba a la condición de un sujeto casi inocente, un mero ladrón de gallinas, alguien que merecía nuestra simpatía.

El Estado ausente llegó al colmo en los sitios más vulnerables, como los barrios pobres y las villas miseria. Allí se fue constituyendo un vacío. El poder en esos sitios fue tomado por la delincuencia y el narcotráfico. Los habitantes se convirtieron en rehenes de una inclemente fuerza que utiliza metodologías mafiosas, armas y un incomparable virtuosismo para corromper a los jóvenes. Se cometió el pecado de dejar avanzar la plaga, y ahora es más difícil combatirla. Los gobernantes adeudan políticas de fondo. El eufemismo bautizó "asentamientos poblacionales transitorios" a las 490 villas brotadas en el cono urbano bonaerense donde se albergan más de 700.000 personas. Otros centenares de asentamientos existen en casi todas las grandes ciudades del país. Esos caseríos precarios —ya lo señalamos más arriba— no tienen los servicios elementales o los consiguen de manera forzosa. Allí hiede la desnutrición, la tuberculosis, el alcoholismo, la lepra, el SIDA. Familias de trabajadores honrados padecen el avance de bandas que practican el terror para que no denuncien sus guaridas ni monstruosidades. ¿Qué se espera para convertir las villas en barrios dignos? No es solución erradicarlas a todas. Pero es posible abrir calles internas que permitan la circulación de ambulancias, bomberos, policía y vehículos recolectores de basura. También es posible proveer luz, agua, cloacas, comisarías, centros comunitarios, escuelas y consultorios médicos. En esos lugares debe soplar la esperanzadora brisa de una acelerada inclusión social mediante la creación de emprendimientos productivos y la conversión de las dádivas asistencialistas en parte de un salario. Darles la oportunidad de convertirse en propietarios, en agentes productivos. Sobre este tema ya hablamos, ¿te acordás?

No debe temblar la mano de las fuerzas de seguridad para combatir la delincuencia organizada que intenta enquistarse para siempre en esos caseríos y sus alrededores. Eso no significa "mano dura" ni "criminalización de la pobreza". Imponer la justicia no es mano dura, sino mano responsable. Criminalizar la pobreza implicaría suponer que los carenciados no poseen valores éticos; es una ofensa discriminatoria y es más ofensa aún tratarlos como minusválidos en materia moral: si delinquen deben recibir sanciones como cualquier hijo de vecino.

La impunidad debe ser expulsada de Argentina. La impunidad es tan ruin cuando da apoyo a los de arriba como cuando se la da a los de abajo. En cambio, la igualdad ante la ley significa que ésta rige con los mismos principios para el rico y el pobre, el alto y el bajo, el hombre y la mujer, el blanco y el mestizo, el nacido aquí o el inmigrante, el culto y el ignorante, el oficialista y el opositor, el inteligente y el estúpido, el bienintencionado y el malintencionado.

También es pernicioso que sectores dedicados a la protesta como sistema rechacen la igualdad ante la ley. Sí, la rechazan. Estos sectores no admiten ser juzgados como lo sería el resto de la sociedad. Consideran que merecen el privilegio de ser ignorados por la ley debido a que son víctimas de la pobreza y la exclusión. Consideran que tienen derecho a la impunidad, porque son diferentes y sus carencias los han convertido en una excepción.

Está mal.

Los legisladores deben cancelar todas las rutas de la impunidad, dañen al que dañen. Deben brindar a los jueces un instrumental claro y efectivo, igual para todos. En el país urge compartir las reglas de juego. Que se las comparta de verdad y se tenga la certeza de que se las comparte sin excepciones.

No es una buena noticia que se haya llegado a afirmar que los derechos humanos de los delincuentes predominan sobre los derechos humanos del ciudadano común. Refleja algo peligroso. Por un lado se supone que hay excesiva tolerancia con los delincuentes (lo cual a menudo es cierto) y por el otro se ignora que los presos, con raras excepciones, se consumen en prisiones que son un auténtico calvario. La Constitución ordena cárceles "sanas y limpias". Pero nuestro sistema carcelario es viejo, insuficiente, una lúgubre universidad del delito. Hace falta que se instrumente en serio la recuperación de los delincuentes, en especial los menores. Se necesita una administración penal y carcelaria más equitativa, más profesional y menos corrupta.

¿Y las fuerzas de seguridad? Hace rato que se pide a gritos que sean reorganizadas con una visión de largo plazo. Que sean mejor seleccionadas, capacitadas en serio, motivadas en forma permanente, equipadas como en los países modernos. Hay que pagarles un salario que esté por arriba de lo que se considera digno (dije bien: por arriba), con remuneración extra por méritos comprobados. Deben seguir un perfeccionamiento sostenido, entender los derechos hu manos y entender que el respeto a éstos también implica proteger a la sociedad de quienes roban, asaltan y asesinan. Todas las reparticiones deben estar controladas por una auditoría permanente. A las fuerzas de seguridad deben integrarlas agentes que merezcan el respeto y la confianza de la sociedad. Que la sola exhibición de su uniforme o credencial suscite un clima de contención y que esto baste para que el delincuente más irresponsable se sienta frenado. Cuando la gente de un barrio tiene confianza en su policía honesta, disminuye automáticamente el crimen y la sensación de inseguridad.

En materia de prevención conviene que se decomisen todas las armas no autorizadas y se apliquen penas muy severas a su tenencia ilegal. Se lo puede realizar en poco tiempo, pero con una decisión política firme. Es curioso que quienes critican con buenos argumentos la riesgosa posesión de armas en los Estados Unidos, sean tan reticentes en condenarla aquí. Para esta gente uno es progresista si critica un mal en los Estados Unidos, pero reaccionario si critica el mismo mal entre nosotros. ¿Sólo paradoja?

Esta acción preventiva también requiere que no sólo el Estado, sino las organizaciones no gubernamentales colaboren en campañas que desalientan el delito. Es menester realizar esas campañas para demostrar las ventajas del respeto a la ley, respeto que parte de condenar los asuntos menos graves como arrojar papeles en la vereda, no levantar los excrementos de los perros y manchar con graffiti edificios y monumentos. Toda esta lista, que no termina aquí, contribuye a cambiar la cultura de la depredación por la cultura del respeto.

Justicia, justicia buscarás

¡Justicia, justicia buscarás!
Deuteronomio, XVI: 18-20

Venimos machacando desde el principio sobre la seguridad jurídica. Es esencial para el desarrollo armónico de la Nación. Es esencial sin excusas ni sustitutos. La tenemos que imponer de una vez por todas, porque sin ella no lograremos nuestro renacimiento. Y todos los avances que se hagan terminarán quebrándose. Pero muchos ni entienden qué es la famosa seguridad jurídica.

Empecemos asumiendo que la ausencia de un firme estado de derecho horadó las bases de la prosperidad argentina y perjudicó nuestra fisiología social; ahí reside la etiología de tantos males. Pudrió la confianza que nosotros tuvimos en el país y la confianza que le tenía el mundo. Con esa falta de seguridad jurídica hemos infligido tajos profundos a la imagen de la Argentina y le hemos disminuido su potencialidad presente y futura. Hemos desangrado la ley con saña, le infligimos traumatismos a repetición; la hemos azotado de cien formas distintas: con acciones públicas y acciones privadas, con golpes de Estado, cesaciones de pago, violación de la palabra empeñada, ruptura unilateral de los contratos, estafas reiteradas, todo eso envuelto con el pestilente celofán del cinismo y la arrogancia.

Mi abnegado lector: se impone recuperar el espíritu que convirtió a la Argentina en un país con porvenir. Ese espíritu corresponde a un país previsible que respeta sus leyes y normas sin contramarchas espasmódicas. Donde los acuerdos públicos y privados se sienten libres de la nefasta tentación nacional por ensuciarlos o romperlos. Eso es seguridad jurídica.

También es necesario mantener la continuidad del Estado como una institución que planea por encima de las contingencias, cualesquiera sean los resultados de las sucesivas elecciones. No es sensato cambiar los libretos con cada nuevo intendente municipal, gobernador o presidente; no se debe empezar siempre de cero, con vocinglera descalificación de todo lo precedente. Es mezquino, es salvaje, es propio de las sociedades infantiles. En nuestro país pareciera que se anhela emular al emperador de la China que mandó quemar la historia previa a su coronación. Todo empezaba con él, él era el creador de todo; un narcisismo patético. ¿Estamos enamorados del cero? Porque siempre queremos empezar desde cero, con aborrecimiento de los predecesores. Así no se construye: así nos condenamos a seguir en un pozo llamado comienzo que nunca llega a otra etapa.

Otro tema muy sensible es el Consejo de la Magistratura, creado por la Reforma constitucional de 1994. Parecía en aquel momento uno de sus aciertos más felices. El Consejo de la Magistratura tenía por objetivo seleccionar en forma rigurosa a quienes serían jueces de por vida y acusar a los que cometían faltas. Ya era vieja la necesidad de purificar nuestra justicia. Se sucedían los megaescándalos y las denuncias por corrupción que nunca terminaban en la sanción debida. Abundaban los trabajos de investigación periodística sobre hechos repudiables que en un país serio hubiesen constituido un banquete de fiscales y jueces, pero aquí sólo se limitaban a indignar lectores. Los tribunales hacían la vista gorda sembrando impunidad y muchos de sus integrantes participaban sin escrúpulos en el lodazal de la farándula. Por lo tanto la sociedad argentina exclamó aliviada: "¡bienvenido el Consejo de la Magistratura!".

Pero la institución tardó en nacer. O no se la dejó nacer aunque la república no cesaba de pujar como una correcta parturienta. Nadie esperaba que esa novedosa entidad iba a conseguir maravillas inmediatas, pero podía dotar al país de un aparato judicial cada vez más sólido. Se la aguardaba con expectativa.

Por fin el Poder Ejecutivo le dejó ver la luz. Pero tardó cuatro años (¡cuatro años!). Después se dedicó a introducir ligaduras internas que lo maniatarían de cabeza a los pies. Es notable cuánta habilidad tienen algunos políticos para proteger sus espaldas. Porque en el fondo de su corazón no querían jueces nuevos que ignorasen su tradicional impunidad. Por eso contaminaron el Consejo de la Magistratura con una cantidad inopinada de políticos y llenaron al Jurado de Enjuiciamiento (que debía penalizar a los jueces corruptos) de agentes leales. Una barbaridad.

Fijate cómo quedó integrado el Consejo de la Magistratura, cuya misión es seleccionar con criterio profesional muy aséptico a los nuevos jueces: cuatro abogados, cuatro jueces, dos académicos del Derecho y un representante de la Corte Suprema (hasta aquí aceptable). Pero a estos profesionales se añadieron cuatro senadores, cuatro diputados y un representante del Poder Ejecutivo. Total, 20 personas. Lo escandaloso fue que los especialistas del Derecho terminaron rodeados por representantes de la corporación política, la principal culpable del deterioro de nuestra justicia.

Te pregunto: ¿qué hacen los políticos ahí? Interferir, por supuesto. Bloquear con mil artilugios. Hasta han introducido la manipulación del quórum —frecuente en el Congreso— para impedir resultados no queridos. También hicieron entrar una cantidad exagerada de asesores, escamoteando la evaluación de sus méritos y la auditoría de sus funciones, como también sucede, lamentablemente, en el Congreso. La presencia indebida y abultada de políticos es el resultado de una interpretación del artículo 114 que pide un "equilibrio entre los representantes de los órganos políticos resultantes de la elección popular, de los jueces de todas las instancias y de los abogados de la matrícula federal". Fue una trampa colocada desde el comienzo.

La selección de jueces que efectúa el Consejo acaba en ternas que se elevan al Poder Ejecutivo, y éste pone a consideración del Senado la persona que prefiere. En otras palabras, los políticos no son marginados, sino que cuentan con instancias específicas para ejercer su opinión. Otra vez, pues, se hace evidente que no se justifica su presencia en el Consejo.

Además, cuentan con privilegios. En efecto, mientras los académicos y los jueces trabajan con dedicación exclusiva y los abogados renuncian a su matrícula, los políticos siguen ejerciendo la doble función. Ese privilegio perturba a la entidad.

¿Exagero? Hay filtraciones que denuncian el lamentable hecho de que algunos temas fueron postergados por meses y, peor aún, que algunos proyectos fueron presentados como nuevos sin tener en cuenta que ya habían sido parte del orden del día y hasta tratados en comisión. ¿Creés que se deba al mal de Alzheimer? Las vicisitudes por las que navegan diferentes proyectos son una prueba de que la actual y numerosa composición del Consejo debe ser reducida y modificada en forma drástica. Y se intentó, pero sin resultado.

La manipulación política determinó que las ternas elevadas al Poder Ejecutivo no sean confeccionadas en base al orden de méritos que señala el puntaje de la rigurosa selección, sino por un neutral orden alfabético que nada dice. Te cuento otra más grave: en varios concursos la comisión de selección ha modificado la calificación efectuada por los jurados. Y más grave todavía: lo hizo cuando los exámenes habían dejado de ser anónimos, lo cual permitía entrar en una sucia negociación política.

El Consejo no avanzó en el estudio de un programa de reforma judicial. Los reglamentos de la organización de la justicia siguen siendo todavía dictados por la Corte Suprema. En este sentido, es de lamentar que a la Corte le haya interesado más la acumulación de poder que jugarse por la transparencia y el equilibrio que necesita la salud de la república. Su rivalidad con el Consejo salta a la vista, porque no reconoce que ahora hay dos cabezas: una jurisdiccional que le corresponde con todas las plenipotencias, y otra organizacional que ya no le corresponde. Te recuerdo lector (de paso, humildemente, también a la Corte) que el dictado de los reglamentos vinculados con la organización judicial, para asegurar la independencia de los jueces y la eficaz prestación de sus servicios, ha sido otorgado al Consejo de la Magistratura por la Reforma constitucional de 1994.

Paso a otro aspecto: los tiempos de la justicia. Se sabe que la justicia lenta no es justicia, para lo cual se impone modificar y modernizar las leyes procesales. Una mayor inversión en informática facilitaría que estos objetivos se conviertan en realidad. Con este avance se incorporarían la firma electrónica y los sistemas de notificación electrónica.

La justicia tiene un trabajo gigantesco a cumplir. Circulan denuncias que los fiscales y jueces tienen la obligación de tomar en cuenta pero, con más frecuencia de lo aceptable, parecen ciegos o sordos.

Te ofrezco un ejemplo caliente.

Me refiero a la cuota Hilton. Nada que ver con la cadena de hoteles Hilton, por supuesto. Es algo sencillo de entender, en especial por sus consecuencias deplorables en materia de seguridad jurídica.

Una reciente decisión ha producido pánico en el sector exportador de las carnes argentinas. ¿Por qué? Te lo explico. En el año 1979 se había negociado una habilitación para exportar a la Unión Europea 5.000 toneladas iniciales de cortes de carne vacuna de alta calidad. En virtud de sucesivas negociaciones se alcanzó la admirable cifra de 28.000 toneladas. Excelente. Desde un principio se había fijado que ese contingente o "cuota" se ajustase de forma tal que lograse seguir elevando el monto de las exportaciones. Sin embargo, en contraste con lo que sucedería en un país serio, el sistema distributivo fijado a los exportadores se fue modificando no una, ni dos, ni cinco veces en apenas veinticinco años, sino ¡catorce veces! Esas modificaciones respondieron a muchas causas, menos a atender el propósito inicial de fomentar las exportaciones. Muy argentino, por desgracia.

La perversa intromisión judicial se tornó más intensa a principios de la década de los 90. Consistía en producir abundantes medidas cautelares, dictadas por los fueros civil y comercial y dirigidas a la cartera de Agricultura, para que asignara gordas porciones de la "cuota" a empresas en concurso o en quiebra. Es decir, que premiara a los empresarios fracasados. Era una suerte de clemencia, de justicia social, de solidaridad divina para quienes no pudieron o no supieron salir airosos en la limpia competencia.

Las medidas cautelares prosiguieron aunque la Corte Suprema de Justicia, en las dos ocasiones que debió fallar sobre el asunto, determinó que eran decisiones inconsistentes. ¡Buena muestra de los microbios que desquician nuestro sistema judicial!

Bueno, te aviso que la copa fue desbordada recientemente.

La distribución impuesta por los jueces ordena que el 40% de la "cuota", es decir la abultada cifra de 11.200 toneladas, sea asignada de forma increíble. ¿Increíble? Sí, porque privilegia a una empresa frigorífica en quiebra, con farragosas deudas, en reducida actividad y dada de baja por la Aduana, que le retiró ya la matrícula para operar en carnes. Esa empresa no exportó nada durante el período 2002-2003 y apenas una cifra delgadísima el año pasado. A esa empresa ineficiente y perdedora un juez le ha asignado ¡el 9,3% de la cuota total! No sólo es impresionante en términos absolutos, sino que equivale a más del doble de lo asignado a las primeras tres empresas que lideran los volúmenes de exportaciones argentinas, y que vienen manteniendo una sostenida y diáfana actividad exportadora. ¿Ese juez quiere hacer beneficencia? ¿Pretende corregir la ineptitud con indebidos premios? ¿O más bien genera la dolorosa sospecha de que otorga favores arbitrarios por razones difíciles de explicar?

Semejante conducta no es novedosa. Integra el rosario de anomalías que comete nuestra judicatura desde un tiempo inmemorial, con breves períodos de corrección y largos de empeoramiento. Devela la proclividad a verter privilegios que dañan la competencia y generan una pésima impresión en nuestros clientes externos. ¿Qué se supone que dirán al enterarse de que se otorga las mayores cuotas a quienes no sólo la merecen menos, sino que están en inferioridad de condiciones para cumplirla?

Las naciones exitosas que también mantienen las llamadas cuotas Hilton, como Australia y Nueva Zelanda, se caracterizan por su celo en mantener regímenes estables y translúcidos. Para esos países valen más los antecedentes impecables en materia de exportación que puede exhibir cada empresa, que sus "amistades con el juez" o las presiones ejercidas por los funcionarios del poder político.

El yugo tributario

Asegura Adam Smith en su libro *La riqueza de las naciones* que "el arte que más rápido aprenden los gobiernos es el de esquilmar el dinero del bolsillo de la gente". ¡Bravo, viejo Smith!

Los argentinos, además de pagar altos impuestos y verificar a diario lo mal que se redistribuyen, sufrimos incesantes cambios de las normas. Es malo para todos, pero en especial para quienes pueden y desean invertir. La Argentina también debe tratar de ser competitiva en materia de impuestos, comenzando por la estabilidad de sus disposiciones.

Somos campeones de la velocidad para cambiar las normas en materia tributaria. Sí, campeones, merecemos ser voceados por los periodistas deportivos. No es un chiste. También podemos solicitar que nos incluyan en el Libro Guinness por semejante habilidad, con escasos precedentes en el mundo. Te cuento esto y, por favor, no te caigas.

Roberto Cachanosky se tomó el trabajo de examinar

cuántas resoluciones emitió la DGI (sin incluir la abultada Aduana) entre 1998 y 2004. El resultado es que emitió en ese lapso, ¡1.718 resoluciones generales! Si se observa que en el mismo período hubo 1.764 días laborales, se llega a la impresionante conclusión de que se emitió una resolución por día. Leíste bien; una por día, una nueva resolución cada día. ¿Cómo podemos hablar de estabilidad jurídica si todos, absolutamente todos los días del año se cambia alguna norma tributaria? ¿Es un país o un manicomio? ¿Quiénes son los imbéciles que se animarían a invertir en un lugar donde los funcionarios arden con la fiebre creadora de inventar una nueva resolución por día?

A esos funcionarios les pido que tomen un potente ansiolítico y se pongan bolsas de hielo en la cabeza. Que se duerman sobre sus butacas.

No es todo.

Antonio Margariti demuestra que si un argentino quiere cumplir con todas las leyes impositivas vigentes debe recurrir a los 25 tomos dedicados a impuestos publicados por la editorial *La Ley*. Cada tomo consta de 1.290 páginas, es decir, conforman la cordillera de 32.250 páginas dedicadas a describir nuestro sabio, "sencillo" y eficiente sistema tributario. Margariti calcula que una persona aplicada puede tardar cuatro años en leer los 25 tomos, pero como siempre las normas cambian, nunca llegará a estar plenamente actualizada sobre la realidad vigente. En consecuencia, de poco sirve saber qué hay que hacer porque nunca se sabe bien qué hay que hacer. Es parte del atroz encanto de ser argentinos. El resultado no sólo implica un costo muy alto para el contribuyente, enfermo ya de un mareo que no curaría ni un super-dramamine, sino que debe resignarse, pese a su honestidad, a vivir en perpetua infracción. Para salvarse de las multas que merece su infracción inevitable no tiene otro recurso que deslizarle una coima al inspector que examina sus libros.

En contra de la tradición que nos encadena, debemos hacer un cambio fuerte. Debemos animarnos a decidir que los impuestos sean simples de calcular y de pagar; fáciles de controlar; auditados con el mismo celo en todos los casos. Sin cambios ni ajustes espasmódicos que confunden, asustan y desesperan. Que se archiven como curiosidades de nuestra edad paleontológica los 25 tomos que rigen (¿rigen?) ahora.

También se debe investigar, desde luego, a quienes ni siquiera pagan impuestos, porque la costumbre de perseguir sólo a los contribuyentes es como "cazar en el zoológico"; no le veo el mérito.

Hoy el Estado se queda con el 65% de las utilidades de las empresas. Y nos preguntamos: ¿para qué? ¿Para sostener el clientelismo? ¿Cómo se van a generar inversiones y nuevos puestos de trabajo con semejante nivel de confiscación? ¿No sería más criterioso fomentar el crecimiento económico y social, en vez de estrangularlo? Sí, criterioso para quienes ansiamos el florecimiento argentino, no para quienes necesitan alimentar ñoquis, punteros y el voto esclavo.

Te invito, mi culto lector, a releer unos párrafos de Juan Bautista Alberdi en su libro *El sistema económico y rentístico*. Parece técnico, pero desborda la sabiduría que le daba su ojo penetrante. No ha disminuido su actualidad. Dice: "Hasta aquí el peor enemigo de la riqueza de nuestro país ha sido el legado de ese error fundamental que viene de la economía española. Los sudamericanos somos países de complexión fiscal, pueblos organizados para producir rentas reales. Simples tributarios o colonos, por espacio de tres siglos, somos hasta hoy la obra de ese antecedente, que tiene más poder que nuestras instituciones escritas. Después de ser colonos de España lo hemos sido de nuestros gobiernos patrios: siempre son Estados fiscales, siempre son máquinas serviles de rentas, que jamás llegan al pueblo, porque la miseria y el atraso nada pueden redituar".

Admirable, ¿no?

Recién en los últimos tiempos se ha comenzado a insistir en la correspondencia que debería imperar entre los que deciden y efectúan los gastos, y los que recaudan impuestos. Son dos tareas distintas, casi antagónicas. Algo elemental, pero resistido. ¿Por qué? Porque existe un costo político al recaudar, al quitar bienes a la gente; eso es antipático. Y existe, por el contrario, un beneficio político al gastar, al repartir, al comportarse como un ángel bondadoso. Todo gobernante desearía aparecer siempre como un ángel bondadoso y no involucrarse en la odiosa tarea de cobrar tributos; sueña con ser aplaudido en la inauguración de obras públicas y besado cuando reparte asignaciones sociales; la actividad opuesta le desencadena gastritis. A un político no le da placer mostrarse como un monstruo, quisiera mostrarse como Papá Noel (en especial cuando los regalos no los tiene que pagar de su bolsillo).

Esa correspondencia entre cobrar y repartir se ha deformado en la Argentina. El Estado nacional recauda y los gobernadores e intendentes distribuyen. El sistema es centralista, monárquico, pero beneficia a estos últimos y los exime de ser austeros y prudentes con los gastos. El dinero lo transfiere la Nación y con él pueden hacer cosas buenas para sus gobernados y también para ellos mismos y sus banderías partidarias. Hay provincias que aportan sólo un

4 o 5% de sus gastos reales, ¿te das cuenta? El 95% les llega de arriba. El límite de sus gastos sólo lo determina el fondo seco de la caja, pero mientras en la caja quedan pesos, el gasto sigue. Cuando se produce la protesta social, es derivada a la Nación con estas frases: "tardan en mandar la coparticipación", "retacean la coparticipación", "maniobran con la coparticipación", "debemos presionar para que nos giren la coparticipación que nos deben".

Un cambio positivo sería recaudar al revés, con macizo criterio federalista y descentralizador. ¿No se cacarea que es bueno descentralizar, que debemos ser más federales? Bueno, entonces devolvamos la potestad (y carga) recaudadora a las provincias. Y no sólo a las provincias, yo iría más lejos aún: transferiría esa potestad y carga a los municipios, con la debida supervisión provincial y nacional, claro. Sí, mi querido lector: que los municipios formen o contraten agentes recaudadores eficientes; seguro que habrá mejor recaudación, excelentes controles y más transparencia. Los intendentes caminan junto a sus vecinos, se sientan en la plaza a conversar y toman café en los bares del pueblo. El contribuyente puede contemplar, verificar, discutir y denunciar los montos de la recaudación y la limpieza de los procedimientos, así como la sensatez de los gastos.

La escalera sería más lógica: los municipios coparticiparán a las provincias y éstas a la Nación para financiar aquello que no puede descentralizarse. Por este camino los recursos tienen menos peligro de extraviarse, porque se quedarían cerca de donde nacen. Y en todos los rincones del país habrá un incentivo a la eficiencia y oportunidad del gasto. Para los municipios y provincias muy pobres no sería difícil crear un fondo compensatorio, mucho más pequeño y fructífero de los que ahora zangolotean con asma, anemia y diarrea perpetuas.

El sistema de coparticipación verticalista, autoritario e inclinado a la corrupción que nos rige se parece a los desvencijados camiones aguateros que pierden el contenido a medida que avanzan hasta llegar a destino sin una gota.

La bendición del trabajo

Una de las mayores dificultades que tiene hoy la Argentina para crear nuevos puestos de trabajo también se debe a la legislación laboral con olor a naftalina, basada en una tradición conservadora, petrificada.

Los dirigentes de los sindicatos se interesan en consolidar su poder mediante conquistas sectoriales inmediatas, aunque a la larga perjudiquen al conjunto de los trabajadores y al crecimiento global del país. Ni el crecimiento del país ni el flagelo de la exclusión social son cosas suyas, dicen con asombrosa cara de piedra, "no les atañe". Son exitistas, amantes de logros a corto plazo (logros para ellos y su círculo de fieles en primer lugar). Sus exigencias se basan en una visión quietista, como si aún viviésemos en la primera mitad del siglo pasado. En consecuencia, la legislación laboral tiene las arterias llenas de colesterol, casi el mismo nivel de colesterol que se acumula en los vasos de la mayoría de los enriquecidos sindicalistas. Políticos y sindicalistas dicen luchar en nombre de los desamparados (que en verdad no representan como debieran), mientras cometen el pecado de desalentar la contratación, la competencia, el esfuerzo y la ambición. Aunque la asfixiante legislación laboral vigente no es la única causa (pero sí una muy significativa), ¿nos damos cuenta de que fue incapaz de poner freno al aumento de la desocupación hasta niveles sin precedentes en toda la historia del país? Esa legislación vigente y defendida con apasionamiento, ¿ayudó a paliarla?

¿Por qué no se imponen las razones que aconsejan una reforma laboral progresista, que tienda de veras a disminuir el desempleo y la exclusión? Son razones que entendería cualquier niño. Entre ellas, comprender que alguien sensato se resiste a tomar personal nuevo si los costos de su eventual salida son confiscatoriamente altos. Por causa de ese riesgo las empresas prefieren mantener a los mismos trabajadores pagándoles horas extras, o haciéndolos trabajar sin un pago adicional, o contratándolos "en negro", lo cual daña a estos mismos trabajadores y al conjunto de la nación.

La fuga hacia el trabajo informal también es estimulada por la maraña compleja e inabordable de la registración laboral, en especial para las Pymes débiles y carentes de recursos.

Además, los avances tecnológicos son tan acelerados y decisivos que obligan a responder con urgencia a las nuevas condiciones; para ello se deben reasignar funciones para no quedar fuera del mercado. Poner trabas al reentrenamiento, la capacitación y la reubicación, como pretende la ley actual, es ir en contra del desarrollo. Los avances tecnológicos no cesan de renovarse y las empresas que aspiran a continuar vivas deben conseguir que su personal se perfeccione y adapte a los cambios. Parecería que lo importante es garantizar derechos "absolutos" del trabajador olvidando que no hay trabajadores sin empresas, y que no es lógico desangrar a las empresas porque eso también los perjudicaría a ellos.

Una parábola africana dice que al despuntar el día tanto el león como la gacela saben qué les espera. El león tendrá hambre y la gacela deberá huir. Ninguno de los dos podrá esquivar su destino. Si el león no corre tras la gacela y la atrapa, quedará con hambre. Si la gacela no corre con suficiente fuerza terminará muerta. Ambos saben que los une un solo criterio: correr. El triunfo sonríe finalmente al que corre mejor.

Si la ley laboral no tiene en cuenta esta realidad y obstruye la carrera que prevalece en el mundo contemporáneo, nos condena a ser el león que queda con hambre o la gacela que entrega su cuerpo exhausto.

Es un defecto de la ley laboral vigente dar más protección a quienes ya tienen protección. Esa protección resulta nefasta para los desocupados y también para las empresas. El desocupado no consigue empleo y las empresas no logran enfrentar la competencia. En otras palabras, semejante ley emponzoña el clima del trabajo, lo torna amenazador y tenso. Hace soñar con invertir afuera.

Pregunto: si se puede activar la productividad y el surgimiento de nuevas empresas mediante la eliminación de estatutos y convenios que otorgan privilegios arcaicos, ¿no debería hacerse la corrección cuanto antes?

En los países exitosos hay más beneficio para la masa de los trabajadores cuando se da preeminencia a los derechos de los individuos por encima de los derechos opresivos que ejercen las organizaciones gremiales, por lo general sometidas al puño de hierro —y el bolsillo voraz— de sus acaudalados dirigentes. Tanto lucharon los trabajadores para obtener justas reivindicaciones, que seguimos fascinados con esa gesta impresionante y no asumimos que muchos de sus reclamos ya son anacrónicos. No es lo que necesitan ahora. La mayoría de las corporaciones sindicales ha girado en contra de sus mismos integrantes y sólo dan ganancias —importantes ganancias— a quienes las dirigen. Los trabajadores son usados y esquilmados, sin hablar de los excluidos, que ni siquiera tienen acceso a esa expoliación esclava.

¿Qué prevalece en los países exitosos? Prevalece la libertad de agremiación. Apreciemos las uniones gremiales que jugaron un papel heroico en el pasado, pero dejémoslas donde deben estar: en el pasado. Nuestra opción es marchar hacia el futuro, como en los países que avanzan. Por lo tanto, ayudemos a que los trabajadores se liberen de sus vampiros y defiendan sus derechos individuales, que incluyen los derechos de libre agremiación y de libre contratación.

A los trabajadores les hará bien sacudirse las sanguijuelas que chupan su sangre; ya no son sólo los patrones de caricatura, sino muchos de sus dirigentes. Necesitan democracia sindical; pautas que favorezcan la renovación de los dirigentes, para lo cual es imperativo que no puedan cumplir más de dos mandatos consecutivos; las dictaduras vitalicias se asocian a la corrupción y el espíritu mafioso. Es obvio que hay que guillotinar privilegios principescos, groseramente injustos.

También urge ampliar el empleo en blanco, el formal. Este tipo de empleo permite que el trabajador acceda a un seguro de salud, a un seguro por invalidez, a un seguro por accidente de trabajo, a un seguro familiar, a un seguro por desempleo. De esta forma asciende a la categoría del ciudadano que no sólo tiene derechos, sino beneficios reales y una indiscutible dignidad. En cambio, el trabajador "en negro" es un paria, un individuo descartable, un acróbata que salta sin red. Esta persona está sometida a la explotación descarnada que no sólo le afecta el ingreso, sino la autoestima.

Pero el trabajo en negro es multiplicado por los tenebrosos laberintos que construye la administración burocrática mediante su virtuosismo en crear registros tan enmarañados que pocos los entienden y se animan a recorrerlos.

¿No es hora de que el trabajador argentino esté en condiciones de competir bajo el amparo de un régimen educativo que lo capacite de forma constante, lo adapte a los cambios tecnológicos y le permita aprovechar las oportunidades del mercado? ¿No debería existir un racional sistema de cobertura que lo proteja frente al potencial desempleo? ¿No merece un retiro que le cubra con eficacia la última etapa de su vida? A eso debería dedicarse la legislación y no a llenar de piedras el camino de la productividad.

Resucitar al maestro

Entre los recuerdos potentes de mi niñez figuran las historias vinculadas a mis maestros de la escuela primaria. La palabra "maestro" tenía en esa época una magia poderosa, porque se refería a un ser considerado venerable que no sólo se dedicaba a enseñar, sino que era un ejemplo a seguir. Se lo consultaba como si fuese el gurú del pueblo y sus opiniones también valían para un problema de familia o del vecindario. Cuando los padres iban a verlo para conversar sobre la marcha de sus hijos cuidaban de vestir en forma adecuada y tener despejados los oídos para beber con unción el informe que *a priori* juzgaban orientador y justo.

Yo vivía en la calurosa Cruz del Eje y por las noches estilábamos sacar los sillones de mimbre a la vereda para gozar del fresco. Cuando por la calle avanzaba un maestro o una maestra brotaba un murmullo excitado, como si se tratara de un personaje excepcional. Y cuando este maestro y maestra saludaba, entonces corría un estremecimiento que hacía sonreír de complacencia. Yo miraba el temblor de mis padres y también temblaba de satisfacción. La mayoría de los maestros de mi infancia fueron varones, porque en ese tiempo los sueldos permitían mantener una familia con holgura. También eran maestros quienes conducían las bibliotecas públicas, que funcionaban como centros comunitarios de calidad. Los maestros eran figuras centrales.

Pero el propósito de reglamentar sus derechos y beneficios cambió la resonante palabra "maestro" por otra más acotada y técnica: "docente". Luego se impuso la burocrática etiqueta "trabajador de la educación". No es lo mismo un trabajador de la educación que un maestro. No es lo mismo, lamentablemente. En lugar de impulsar el ascenso se impulsó una degradación de empobrecedoras consecuencias. Un trabajador de la educación no se asocia con alguien que brinda consejos oportunos, que irradia ejemplaridad, que merece ser respetado. No. Se lo asocia con alguien que cumple horarios, está pendiente del sueldo, hace huelga, es abrumado por planillas que nadie lee, debe soportar la insolencia de padres y alumnos, tiene que desperdiciar su tiempo pedagógico en las urgencias sociales que invaden su escuela.

Ese yerro —bienintencionado, claro— forma parte de otros yerros bienintencionados que debemos corregir cuanto antes. Tengamos en cuenta que se los comete para que las cosas marchen mejor. Pero el resultado es la catástrofe.

Para que todos los niños y jóvenes del país tuviesen acceso a la educación se decidió cometer un colosal delito: sacrificar la calidad. Así de simple. Así de grave. Se entendió que la calidad impedía el ingreso de muchos y provocaba una importante deserción. Se concluyó, pues, que una verdadera justicia social es incompatible con la exclusión de niños y jóvenes debido al terror que generan los objetivos de la excelencia. Resultado: los establecimientos educativos se convirtieron en playas de estacionamiento donde centenares de miles de chicos pasan las horas y los días esperando que se agote el año. Adquirió carácter de dogma la "contención". La contención puede devorar la excelencia, el esfuerzo, el aprendizaje, otros valores.

Este criterio determinó que la enseñanza rodase hacia el abismo, que la escuela primaria vomitara alumnos sin los conocimientos necesarios para cursar la escuela secundaria y que la escuela secundaria bajase al nivel de escuela primaria. Los jóvenes llegan así a la etapa terciaria rengos, mancos y tuertos. No saben matemáticas ni lengua, no consiguen interpretar textos, tienen groseros errores de ortografía, son impotentes para escribir un mínimo relato, ignoran historia y geografía hasta niveles que producen estupor.

Sospecho que cuando terminé la escuela primaria los conocimientos de casi todos mis compañeros eran superiores a muchos de los que ahora cursan la universidad. ¿No es terrorífico?

Pregunto, cuidadoso lector, ese tipo de educación inspirada en las mejores intenciones para hacer justicia social, ¿es una buena forma de hacer justicia social? ¿No se trata más bien de una justicia social hipócrita, que condena al fracaso de nuestros jóvenes? ¿De qué sirve tenerlos vegetando en corrales tristes si luego no saben cómo enfrentar la vida? Creo que la auténtica justicia social sería una educación de calidad para todos. De calidad en serio. Con esfuerzo, excelencia, valores y premios al mérito que estimulen la incesante emulación.

Para conseguir este progreso —es decir, que todos vayan a estudiar y que disminuyan las deserciones— hay que empezar por conferir jerarquía a los docentes y reintegrarles la autoridad secuestrada. Hay que convertirlos de nuevo en "maestros", como los llamábamos antes: sólidos en autoestima, con fuerte motivación, bien pagos, receptores de un merecido reconocimiento por parte de alumnos, padres y la sociedad. La estrategia básica para conseguir una enseñanza de calidad real pasa por los docentes, mi atento lector. No sirve modificar los planes de estudio si la herramienta fundamental que son los docentes no es tenida debidamente en cuenta. Hay que volver a brindarles el llamado tiempo pedagógico, el que dedican a perfeccionarse y enseñar; tienen que liberarse de las tareas sociales que otras personas deberían cumplir, no ellos.

Al no atenderse la calidad, desaprovechamos en forma imperdonable que la enseñanza sea gratuita y obligatoria.

La calidad se ha deteriorado por muchas causas que no es pertinente tratar aquí. Pero entre ellas no me resisto de mencionarte la prohibición de celebrar los méritos, que ya toqué de refilón en otros párrafos. Con la angelical intención de no ofender a los que fracasan se desalentó elogiar a los que triunfan. Premiar el mérito pasó a ser un agravio, y ese desatino obtuvo en muchísimas oportunidades el irresponsable apoyo de los padres. El distorsionado afán de equidad llevó a suponer que los mejores no debían ser aplaudidos porque aumentaría su vanidad y los peores caerían en depresión. Todos los alumnos debían ser iguales, el que estudia y el que no lo hace, el que se esfuerza y el que se ríe del esfuerzo. Incorporar *Cambalache* a la enseñanza, porque *todo es igual*. Por lo tanto, se eliminaron las amonestaciones y se prohibió calificar los resultados. Lo único permitido era considerar que alguien estaba aprobado o desaprobado para pasar al eslabón siguiente. Hubo algunas reacciones airadas, desde luego, pero con escasa prensa. Te cuento que un docente no pudo digerir la injusticia de marcar con un simple "aprobado" a un alumno excepcional por su inteligencia y aplicación. Entonces escribió "aprobado y medio"...

Es ridículo considerar que la celebración del mérito sólo provoca vanidad y que reconocer fracasos lleva ineludiblemente a la depresión. En ambos casos la verdad de la competencia ayuda a tener un mejor contacto con la realidad, estimula el esfuerzo, vigoriza el alma y prepara para los desafíos de la vida. En la vida no se trata de la misma forma al trabajador y al perezoso, al responsable y al que se burla de la responsabilidad.

La educación no sólo se refiere a los conocimientos, se sabe. Incluye valores, urbanidad, solidaridad, aprender a pensar, a sentir. Darle valor a la palabra. Entender la decencia. Apreciar los derechos individuales. Respetar las diferencias con entusiasmo. La educación es fundamental para que los argentinos recuperemos la cultura del trabajo y del esfuerzo, ya que el facilismo penetró como un virus y ha causado un daño parecido al del cáncer. Se debe recuperar el hábito de llevar tareas a casa, enfrentar exámenes, pasar al frente, leer un libro por mes.

Nuestro país estuvo a la vanguardia de la educación en toda América latina. El modelo inaugurado por Sarmiento y Avellaneda dio frutos muy jugosos. No sólo prosperaron los niveles primarios y secundarios, sino que la universidad adquirió el prestigio de un faro al que concurrían estudiantes del continente entero. Yo tuve compañeros de Perú, Chile, Venezuela y Costa Rica. Hasta los edificios de las escuelas, colegios y universidades llegaron a venerarse como templos, donde se entraba con unción religiosa. Algunos de mis profesores del colegio secundario tenían doctorados: médicos, ingenieros, abogados, químicos, físicos. En la universidad conocí personalidades cuyo prestigio desbordaba nuestras fronteras, que distribuían su tiempo entre la investigación y la enseñanza. La investigación era decisiva en los concursos.

Todo eso rodó por un mortífero tobogán.

Ahora nos consolamos con migajas, con las glorias de ayer. Es patético. Recurrimos a las conquistas del pasado para disimular las derrotas del presente. Cancelamos el futuro en nombre de una impotente equidad. Defendemos el ingreso irrestricto y la enseñanza gratuita sin advertir que nunca la enseñanza es gratuita, porque alguien la paga. Sí, la paga. La paga la sociedad, no es gratuita. Y como la paga mal, la enseñanza se achicharró.

¿Qué hacer? En primer lugar denunciar lo que es malo en debida forma. Atrevernos a reconocer que nos hemos deslizado al subsuelo mientras disfrutábamos de los mejores pisos. Que no nos gusta seguir en el subsuelo, que perdemos el tiempo, que se nos van las generaciones. Que hay cosas que están mal y otras muy mal. ¡Basta de paños fríos! ¡Basta de confundir azúcar con sacarina! ¡Basta de paliativos hipócritas y cobardes! ¡Basta de gatopardismo! ¡Basta de reformas y remiendos que nada cambian! Basta de justificar con mentirosos argumentos de equidad y justicia social la enorme injusticia de condenar a la Argentina a ser un país atrasado, irrelevante. Estuvo mal la transferencia de las escuelas a la provincias, porque ahora tenemos "aduanas interiores" en materia de educación: un chico que cambia de provincia siente que se ha trasladado a otro país. Estuvo mal la primarización de los dos primeros años de la secundaria. Estuvo mal el laberíntico polimodal que cuesta entender y más cuesta sacarle frutos. Están mal las presuntas especializaciones y la farsa de los cursitos de capacitación permanente, porque el resultado es una permanente des-capacitación.

En segundo lugar debemos impulsar una profunda reforma educativa en todos los niveles. Una reforma que apunte a la excelencia. Que tenga en cuenta a los docentes primarios, secundarios y universitarios, cuya calidad y remuneración deben estar sometidas a un permanente ascenso. No olvidemos que los directivos de los establecimientos educacionales asumen graves responsabilidades administrativas, civiles y penales, por lo cual merecen una adecuada autonomía administrativa que no sea acotada por padres ignorantes, alumnos desubicados y corporaciones egoístas. Su crecimiento debe transitar el carril de los concursos, como en la universidad, y no el triste deshojar del almanaque.

También deben ser tenidos en cuenta los alumnos, claro, porque son la razón de ser de las instituciones educativas. Hay que motivarlos para concurrir a clase, para estudiar, para esmerarse, para que se les desenfrene la ambición y se los enamore de la ciencia y la cultura. Necesitamos una Reforma de nuestro tiempo, trascendental y enérgica, como fue la Reforma Universitaria de 1918, pero ajustada a las exigencias actuales.

En tercer lugar se tienen que multiplicar las fuentes de financiamiento. El Estado debe cumplir su parte sin retaceos, pero el Estado solo ya no alcanza. Es preciso liberar el mecenazgo que en la Argentina no avanza porque la corporación política no quiere perder su monopolio en la asignación de recursos y, cuando por ahí se gestiona una ley de mecenazgo, es mezquina y sujeta a controles que desalientan la donación. Ya se han difundido iniciativas para conchabar a los egresados: campañas lúcidas deben inclinarlos a expresar su gratitud mediante cuotas permanentes; no hace falta que sean enormes, pero la suma de voluntades hará enorme esa contribución, además de consolidar el vínculo entre la sociedad general y los establecimientos educativos. También se podría impulsar la gradual transformación de las escuelas públicas de gestión centralizada en escuelas públicas autónomas, donde haya una participación intensa de los padres y una efectiva articulación con la comunidad. Por último, hay que desarraigar el concepto de la enseñanza gratuita, porque es una falacia. No existe la enseñanza gratuita —insisto—, porque la pagan todos los ciudadanos. Y quienes se benefician de ella deben saberlo y sentirse en deuda. Cada estudiante debe por lo menos expresar un compromiso con esa educación que le paga la sociedad: estudiar, comportarse con respeto, hacer donaciones en dinero cuando puede o en trabajo. No es ético desertar cuando a uno se le canta y ni siquiera dar las gracias por los servicios recibidos.

¿Ves que se puede hacer mucho en materia de recaudación con sólo respirar aire fresco y abandonar viejos dogmas?

En el siglo XXI la riqueza de las naciones dependerá del conocimiento, es decir, de la educación, la ciencia y la tecnología. Ya pasó el tiempo en que se creía a pies juntillas que la riqueza dependía de los recursos naturales. Hay países henchidos de recursos que son pobres, como por ejemplo Nigeria o Zimbawe. Hay países que no tienen nada de recursos naturales y son ricos, como por ejemplo Japón, Singapur. Tomemos el caso de Finlandia.

Años atrás padecía una alta tasa de desocupación que rondaba el 20%; su sistema financiero se desquiciaba y las empresas quebraban en serie; la producción permanecía estancada en el viejo y cada vez menos valioso recurso de la madera. Ese país era casi una réplica de la Argentina que fuimos hace poco y aún seguimos siendo en parte. Pero los finlandeses tomaron la decisión estratégica de invertir nada menos que el 3,5% de su presupuesto nacional en ciencia y tecnología. Ahora Finlandia figura entre las naciones más ricas del mundo. En Argentina se invierte para ciencia y tecnología ¡sólo el 0,4%! ¡Vaya contraste!

Otro ejemplo: el mundo se asombra por el vibrante crecimiento de China y se mencionan muchos factores para explicarlo. Yo no dejaría de señalar el hecho de que hace apenas un cuarto de siglo sólo el 4% de sus dirigentes poseían título universitario. Hoy ese porcentaje ha trepado al ¡90%!

Ejemplo adicional: el pequeño y hostigado Israel es objeto de una virulenta envidia porque ha logrado soportar con éxito la belicosidad de un océano enemigo durante casi una centuria y ha alcanzado un impresionante progreso económico y social pese a la carencia de recursos naturales. Golda Meir solía burlarse del patriarca Moisés porque —decía— se la pasó buscando la Tierra Prometida durante cuarenta años y terminó hundiendo su pueblo en el único país de la zona que no tenía petróleo... Para compensar ese inconveniente en materia de recursos naturales, en Israel se puso énfasis en el capital humano y el desarrollo del conocimiento: allí no existe un hogar sin biblioteca, se alcanzó el más alto promedio de universitarios por habitantes del mundo, se producen más documentos científicos por habitante que ninguna otra nación y se acumula uno de los más altos números de patentes por descubrimientos notables. El 24% de su fuerza laboral exhibe títulos universitarios. También es el país con más elevado número de museos por habitante. Lidera el número de científicos y técnicos dentro de la población laboral, una cifra que dobla con holgura la de Estados Unidos, Japón y Alemania.

Nosotros, en cambio, tenemos un encubierto desdén hacia la ciencia y la tecnología. Esto se pone de manifiesto con el escaso número de estudiantes que eligen esas carreras. No está mal que haya aprecio por las humanidades, pero está mal que tengamos una excesiva desvalorización de las ciencias duras. Marchamos en sentido contrario a los países exitosos.

El desprecio por la tecnología lo viví en carne propia. Te cuento.

En Cruz del Eje cursé dos años en el Colegio Normal de Maestros Regionales. Un nombre tan largo se justificaba porque el establecimiento aspiraba a formar docentes del área rural. Coherente con esta premisa, el Colegio tenía varias hectáreas dedicadas a las tareas del campo. Allí se enseñaba en forma práctica y teórica agricultura, avicultura, apicultura, piscicultura y otras disciplinas afines. Fueron dos años dichosos, inolvidables, que me dieron el sabor de la tierra y su explotación racional. El maestro también debía enseñar a producir. Décadas más tarde volví a Cruz del Eje, y entre mis visitas más deseadas figuraba esa Escuela y sus amadas parcelas posteriores. Cuando solicité verlas no me comprendieron, porque los actuales docentes no tenían noticia de ellas. Después alguien informó que se habían vendido hacía rato. Las miopes autoridades educativas habían considerado que la enseñanza técnica no hacía falta para el entrenamiento de un maestro rural.

Llegado al fin de este capítulo dedicado a la educación, quiero implorar que se eleve el nivel de nuestros debates. En Europa escuché decir que una democracia también se mide por la calidad de sus debates. Si es así, nosotros estamos muy abajo. En los programas de radio y en especial de TV la gente se interrumpe para imponerse por el volumen de su voz en lugar de la fuerza de sus argumentos. Se miente en forma desvergonzada. Se habla como si las audiencias estuviesen integradas por tarados. No hay respeto por el dato fidedigno ni las ideas esclarecedoras. Se usa el tiempo para mantener los fuegos artificiales de una discusión que nada deja, porque al conductor no le importa interrumpir al que por fin dice algo valioso debido a que le hacen señas para cerrar el bloque. Hay claustros universitarios donde no se acepta la libertad de pensamiento: si concurre una persona que explica algo opuesto a los dogmas dominantes puede llegar a sufrir daños físicos. Muchos formadores de opinión confunden sus ideas con la verdad y en vez de permitir el despliegue de otros puntos de vista, los condenan apenas adelantan la nariz. Cuando reiteramos el sólito lamento de que nuestro pueblo anda confundido y no se encolumna tras proyectos ambiciosos, recordemos que este pueblo es víctima del nivel ramplón en que viborean los debates. Elevar su nivel es tan urgente como hacer la corrección de los puntos que expuse con riesgo y esperanza en estas páginas.

Epílogo:
Todas las voces juntas

Hace poco me preguntaron por qué la mayoría de los argentinos, pese a las frecuentes caídas, siguen confiando en salir adelante.

Confieso que mi respuesta se demoró por varias razones. La primera es que la mayoría de los seres humanos tenemos la "obligación de la esperanza", como decía Borges. La segunda es que nuestra franja optimista existe pero es muy voluble y, en cualquier momento, se transforma en lo contrario. La tercera es porque nuestro país tiene bases objetivas para recuperar la prosperidad que, lamentablemente, no aprovechamos en debida forma.

Pero la razón más importante —me pareció en ese momento— es que en nuestra memoria colectiva está inscripta la epopeya desplegada a partir de la caída de Rosas. Éramos el país más irrelevante de América latina y pudimos llegar a ser el más admirado. Eso fue posible gracias a que un puñado de dirigentes atados a humanos prejuicios y viejas ideologías tuvieron el coraje de abrir grande los ojos, liberarse de ataduras paleontológicas y decidirse a imponer las bases que llevaban al crecimiento.

La prosperidad que vino fue descalificada más adelante como producto de la dependencia colonial con Inglaterra, o por la suerte de tener una vasta pampa húmeda que nos permitió ser una potencia agroexportadora. Sobre este aspecto ya escribí en los capítulos precedentes. Lo cierto es que nos convertimos en un país exitoso, el más exitoso del continente después de los Estados Unidos. En esa época nos envidiaban. Ahora somos nosotros los envidiosos, con ácidos ingredientes de rencor e impotencia.

Cuando digo "país exitoso" no me refiero a ningún paraíso. Esto ya lo sabés, mi lector incansable. Soy de los que está seguro de que no existen paraísos en la tierra. Por bella, satisfecha y feliz que pueda parecer una sociedad, siempre encontraremos por arriba o por abajo de la alfombra la suciedad de conflictos, injusticias y carencias. Tomemos como ejemplo cualquier región que ahora nos deslumbra y le descubriremos llagas. Pero la abismal diferencia entre un país exitoso y uno atrasado es que en el primero la suciedad de los conflictos, injusticias y carencias es muchísimo menor. La perfección es imposible, mi amigo; sí es posible, en cambio, estar mejor. Infinitamente mejor.

Es a lo que aspiramos la mayoría de los argentinos.

Pero no nos ponemos de acuerdo sobre el camino a seguir. No logramos reproducir el milagro de 1853.

Lo patético, me parece, es que el camino está junto a nosotros, ¡está a la vista! Lo he querido mostrar a lo largo de este libro modesto y pretencioso a la vez. Modesto porque no me considero infalible ni conocedor profundo de todos los temas. Pretencioso porque anhelo desencadenar un debate de altura, en el que recuperemos el coraje y la visión de quienes protagonizaron en la segunda mitad del siglo XIX el lanzamiento de la Argentina al estrellato de los países más prósperos del mundo.

Si el camino está a la vista, ¿por qué no lo reconocemos?

Porque nos sucede como a los neuróticos. Un neurótico, por miedo a caminar en línea recta para satisfacer sus deseos, lo hace a través de los más complicados atajos. Los atajos le producen sufrimientos, pero los elige una y otra vez, porque el camino recto le espanta. Y huye por las piedras que lastiman su piel y su alma, como si el camino recto fuese un monstruo. No quiere saber nada de él, no quiere ni mirarlo. La historia argentina de las últimas siete u ocho últimas décadas nos exhibe como neuróticos de libro, marchando en forma empecinada por la mala senda, la que nos embarró de anomia, facilismo, mesianismos violentos, autoritarismo, corrupción, ignorancia y atraso.

Mientras, países tan parecidos al nuestro tomaron el camino que nosotros habíamos desechado con irresponsabilidad, y ahora son ellos los que protagonizan el milagro. Nosotros, por desgracia, preferimos las desprestigiadas recetas que nos empantanan en los atajos que, a la corta o a la larga, depararán más sufrimiento y más decadencia.

Hace tiempo escuché la historia de un burro que se cayó al fondo de un ancho aljibe. El animal lloró por horas mientras su dueño, un campesino de escasos recursos, se desesperaba por rescatarlo. Pero no tenía arreos suficientes ni los pudo conseguir en la vecindad. Por fin comprendió resignado que el pobre burro era viejo y se moriría en ese pozo seco y profundo. No encontró más alternativa que acelerar la tragedia y darle al animal una impiadosa sepultura. Con lágrimas invitó a que lo ayudasen sus vecinos en la espantosa tarea. Cada hombre alzó una pala y comenzó a arrojar tierra dentro del hueco. El asustado burro se dio cuenta de lo que se le venía encima y lanzó rebuznos que partían el alma. Pero luego de unas cuantas paladas el jumento se aquietó, aparentemente resignado a su destino. El dueño, pensando que había muerto asfixiado, se acercó al borde del aljibe para espiar su fondo. Grande fue la sorpresa al descubrir lo que menos hubiese imaginado. El burro, tras recibir cada descarga de tierra, sacudía su lomo con fuerza y pisaba por encima. Pronto todos quedaron mudos al ver emerger el animal sobre el derruido brocal y salir trotando a campo traviesa.

Mi sueño es que los argentinos convirtamos los incontables sufrimientos del pasado y el presente en la base que nos permita salir del pozo, para lanzarnos otra vez hacia una vida llena de luz. Es posible, depende de nosotros.

Si cada tanto nos hundimos en el fondo del aljibe y allí rebuznamos desesperados, es porque anduvimos por el borde derruido y nos arriesgamos en mil ridículas maniobras para caer. ¡Basta de poner la culpa afuera, que eso es de neuróticos! Abandonemos los atajos conocidos pero frustrantes, los pozos que prometen soluciones y sólo cubren de alimañas. Pongamos nuestro empeño en conquistar el camino recto, como lo ha hecho ya España, Nueva Zelanda, Irlanda, Chile y tantos otros.

Los atajos del clientelismo, asistencialismo, camanduleo político, sindicalismo reaccionario, violación de la propiedad, ausencia del estado de derecho, falta de controles republicanos nos condenan. Si Dios existe debe amarnos mucho porque cada tanto nos envía una nueva oportunidad. Pero nosotros pareciéramos aspirar a ser inscriptos en el libro Guinness de los hechos extraordinarios por el virtuosismo que demostramos en hacerlos trizas. Después de la crisis que nos abatió a partir del año 2001 y sus penosas consecuencias, se presentó una nueva oportunidad, claro que sí. Pero, ¿le estamos sacando los debidos frutos, o nos conformamos con los que se caen solitos del árbol? ¿No andamos demasiado distraídos con problemas menores mientras dejamos de atender el pequeño y poderoso haz de medidas —desarrolladas en los capítulos precedentes— que nos conviertan en un país donde vale la pena invertir caudalosamente? Al ritmo del crecimiento actual que con ingenuidad se celebra, recién en el año 2024 alcanzaremos la pobreza del año 1994. Es decir, vamos a necesitar treinta años para llegar a estar como estuvimos hace tiempo. ¡Vamos para atrás! ¡Somos un país cangrejo! ¡Eso no es aprovechar la oportunidad, despertemos! ¡Nuestro crecimiento requiere una aceleración fenomenal, no modesta! Y eso es posible.

¿Te acordás de Casandra? Era una buena muchacha, es decir, una princesa bienquerida, hija de Príamo, rey de Troya. Tuvo la suerte o la desgracia de recibir un don excepcional: ver el porvenir en sus sueños. Pero como ofreció resistencia a los terribles datos que le llegaban, Apolo decretó que nadie creyera en sus predicciones. Casandra anunció la conquista de Troya por los griegos, pero no pudo impedirla. Ni vos, ni yo, ni quienes han leído todo lo que está escrito en este volumen queremos ser como Casandra. No queremos anunciar catástrofes. Sí queremos, en cambio, el bienestar argentino. Pero a veces me siento como Casandra. Eso me ocurre al repasar la infinidad de cualidades que tiene nuestro país y su gente, pero que no se aprovechan como debería ser, trenzados como estamos en peleas de gallinero, visión de marmotas e ideas de gerontes desahuciados. Te confieso que eso sí me desespera, como a Casandra.

No obstante, tal como asegura Diógenes Laercio que dijo Epicarmo, podemos cambiar. Y cambiar para bien.

Considera con atención a los hombres,
Verás que uno creciendo, otro menguando,
Todos están en mutación continua.
Y aquello que se muda
Según naturaleza,
Y en un mismo estado no persiste,
Va siendo diferente a lo que era.
Aun tú y yo fuimos otros ayer,
Pero hoy ya somos diferentes,
Y otros seremos mañana.
Así que por dicha razón,
Nunca permaneceremos siendo los mismos.

Bien, amable y paciente lector: llegamos al final de esta perorata. Mientras te hablaba hice esfuerzos por escucharte, por conocer tus ideas, por percibir la reacción que te provocaban mis frases. Escribí página tras página pensando en vos todo el tiempo, te lo aseguro, porque necesito que seas mi compañero. Necesito que ahora tomes la palabra y digas lo que pensás. Es posible que tengamos varias disidencias, como yo las tengo dentro de mi propia cabeza. Pero nos une el propósito firme de empujar a la Argentina hacia su renacimiento. Ni vos ni yo nos resignamos a la decadencia ni a la mediocridad.

¿Sabés qué haré ahora, luego de los renglones finales? Pues releer nuevamente todo el texto. Hacerlo con espíritu crítico. Tratar de sacarle provecho a lo que me parece bien y tomar nota de lo que me parece mal, para no privarme de una refutación fundada, incluso contra mí mismo. Quiero que este trabajo deje ver mejor si las propuestas que he estudiado, meditado y formulado son correctas. En ese caso, insistiré sobre ellas. Y te invito a que hagas lo mismo.

Necesitamos incrementar nuestro capital social, hacer ejercicio de nuestros derechos y deberes ciudadanos. Si hace falta impulsar cambios y reformas, digámoslo, exijámoslo. Las instituciones dependen de nosotros, mucho más de lo que imaginamos. Y cada uno puede hacer mucho más de lo que hace. Los dirigentes son producto de la sociedad. Cuanto más se comprometa cada uno, vos y yo, con los medios que tenemos a nuestro alcance y en los lugares donde se nos escucha, mejores serán nuestros representantes. ¿Por qué no va a ser posible reeditar la epopeya que nos condujo a figurar entre los mejores?

Agradecimientos

Cuando decidí pergeñar un ensayo donde prevalecieran las propuestas sobre las críticas, sabía que los riesgos eran grandes. Mi anhelo era contribuir a mejorar el nivel del debate y aprovechar la extensa producción existente. No se trataba de sentarme durante varios meses a llenar renglones, sino de revisar una y otra vez documentos, estudios y volúmenes importantes. Repensarlos una, dos, tres veces. Corregir sin fatiga. Comparar, reflexionar y esmerarme en ser claro. También jugarme sin rodeos, porque si algo apreciará el lector —me dije— será la franqueza, un rubro escaso en medio de tantos dobles discursos.

Estoy convencido de que en mi larga lista de gratitudes se me escaparán varios nombres. Pero no puedo dejar de mencionar las obras de Juan Bautista Alberdi en primer término. Luego, en forma desprolija, expreso mi reconocimiento a libros de Natalio Botana, José Ignacio García Hamilton, Juan José Sebreli, Federico Sturzenegger, Armando P. Ribas, Mauricio Rojas, Félix Luna, Álvaro Vargas

Llosa, Alberto Benegas Lynch, Ana Verchik, María Sáenz Quesada, Mario Teijeiro, y artículos de muchos otros autores que he mencionado con franco reconocimiento y admiración.

Me han sido útiles conversaciones con Ricardo Moscone, Rosendo Fraga, Santiago Kovadloff, Luis Gregorich, Jorge Fernández Díaz, Joaquín Pérez, y la atenta lectura crítica que se avino a realizar Roberto Cachanosky. Nory, mi mujer, con su amor y nobleza disuelve dificultades y me estimula a proseguir los combates de la creación. Paula Pico Estrada, mi editora, una interlocutora necesaria, tuvo la deferencia de revisar el texto y señaló con buen criterio algunos párrafos que necesitaban ajuste; las críticas siempre ayudan.

Índice

Obertura a dos voces: lector y autor   9

Pantallazo a toda orquesta 13

El músico y su mejor inspiración 17

Creativa tempestad 21

Resonancia fragorosa, sin precedentes 27

Objetivos actuales 31

Cómo solucionar los problemas 39

El vampiro de la anomia 45

Misteriosas instituciones 49

Miedo al progreso 57

Bajo la luz de un farol 61

Nos apartamos del buen camino 67

Pulseada liberal-nacionalista 75

De buenas intenciones está pavimentado... 79

Lo que es de todos no es de nadie 87

La maligna propiedad 97

Propiedad y cristianismo 101

En el ojo del huracán 107

El tábano de la utopía 113

Hipnótico moño 119

Qué hacer 127

Competencia y comercio 137

Polillas en la política 143

Qué no se debe hacer 151

La reforma tan temida 159

Más picotazos de la anomia 167

El entuerto de la deuda 173

Enseñanzas de un malhechor 179

La honestidad tiene mucho riesgo 183

¿Paranoia? 187

Seguridad, divino tesoro 191

Justicia, justicia buscarás 197

El yugo tributario 205

La bendición del trabajo 211

Resucitar al maestro 217

EPÍLOGO: *Todas las voces juntas* 229

AGRADECIMIENTOS 237